ARTISCHOCKENHERZEN MIT ZIEGENKÄSE
UND PAPRIKASAUCE, REZEPT SEITE 22

MANGOLD MIT PINIENKERNEN,
ROSINEN UND KNOBLAUCH,
REZEPT SEITE 76

Margit Kunzke

TAPAS VEGETARISCH

Spanische kleine Köstlichkeiten

Fotos: Silvio Knezevic

HUMMUS MIT TAPENADE, REZEPT SEITE 36

VORWORT

Tapas sind der Inbegriff spanischer Lebenslust. In einer Taverne in Córdoba,
die mehr als 60 verschiedene Tapas anbietet, las ich diesen weisen Spruch:

No traigas a este lugar aflicciones o problemas! Déjalos en casa estar!
Y, si olvidado los traes, sal, mira al cielo y vuelve entrar.

(Bring an diesen Ort weder Kummer noch Probleme! Lass sie zu Hause! Und wenn du das vergisst und sie
trotzdem mitbringst, dann geh hinaus, schau den Himmel an und komm wieder herein.)
In Tapas kann man sich verlieben – und bei Tapas kann man sich auch verlieben.

Eine Tapa in Spanien ist eine Art kultivierter Aperitif und kein Häppchen zwischendurch. Tapas essen,
ir de tapeo wie die Spanier das nennen, heißt leckeres Essen mit unterhaltsamer Gesellschaft verbinden.
In vielen Regionen Spaniens ist es üblich, am Wochenende abends mit Freunden zum
Tapasessen zu gehen, statt zu einem Abendessen. Man zieht von Lokal zu Lokal, trinkt ein Glas Wein,
einen Sherry oder ein Bier, plaudert und isst dazu eine Tapa. Wobei die Betonung auf eine Tapa liegt.
Denn es geht auch um die Vielfalt der genossenen Köstlichkeiten. Das Schöne an Tapas ist,
dass die Portionen klein und die genussvolle Auswahl dafür umso größer ist.
Die verschiedenen Tapas sind so lecker, dass man gar nicht genug davon probieren kann.
Dabei hat man die Wahl zwischen traditionellen Tapas, modernen Interpretationen und raffinierten
Kreationen, bei denen auch Zutaten aus den umliegenden Mittelmeerküchen eine Rolle spielen dürfen.
Ob Artischocken im Orangensud oder Champignons in Sherry, Mangold mit Pinienkernen
oder pikante Kartoffelschnitze mit Pimentón de la Vera, Papas arrugadas oder Sherryschalotten, grüner
Spargel in Salzkruste oder katalanisches Tomatenbrot, mit diesen Tapas kann man sich spanische
Lebenslust in gemütlicher Runde nach Hause holen.

Viel Vernügen beim Zubereiten und Genießen!

Margit Kunzke

TAPAS UND FINGERFOOD

Der kleine Unterschied

Tapas und Fingerfood sind feine Kleinigkeiten, die den Gaumen kitzeln, die sich wunderbar für ein kaltes Bufett eignen oder auch als leichtes Mittag- oder Abendessen. Im Prinzip handelt es sich um das Gleiche. Der kleine Unterschied zwischen Tapas und Fingerfood ist vereinfacht gesagt, Fingerfood isst man mit den Fingern, Tapas eher mit der Gabel.

Vorbereitung

Für ein Tapaessen ist es gut, von jeder Tapa zwei bis drei Portionen pro Person vorzubereiten. Es kommt vor allem auf die Vielfalt an. Je unterschiedlicher die Auswahl an Tapas, desto größer das Essvergnügen. Zutaten, die gekocht oder mariniert werden müssen, können einen Tag vorher zubereitet und dann am Einladungstag fertiggestellt werden. Machen Sie alle vorbereitenden Arbeitsschritte schon frühzeitig und bereiten Sie Zutaten, die in mehreren Tapas vorkommen (z. B. Knoblauch oder Zwiebel) vor und bewahren Sie sie gekühlt in Schüsseln oder Vorratsbehältern auf. Fangen Sie mit den kalten Tapas an und bereiten Sie das vor, was in den Backofen muss. Fertige Tapas sofort anrichten, Folie darüberspannen und, was gekühlt werden muss, in den Kühlschrank stellen.

Getränke und passende Ergänzungen

Zu einem Tapaessen passt hervorragend ein trockener Sherry Fino – das Tapasgetränk schlechthin –, ein Glas Rotwein, Rosado oder Weißwein oder auch ein kühles Bier. Für alle, die nach einem guten Essen gern einen Digestif trinken, steht ein spanischer Brandy, ein mallorquinischer Kräuterlikör oder ein trockener Anis seco bereit.

Etwas Süßes zum Abschluss kann man bei einem Tapasbuffet auch anbieten: frische Früchte der Jahreszeit sind am besten: Nisperos, Erdbeeren, Pfirsiche, Nektarinen, Aprikosen, Melonen, Trauben oder Feigen im Frühjahr und Sommer, Cherimoyas, kanarische Bananen, Kakis, Mangos aus Granada, Orangen und Mandarinen im Herbst und Winter.

Baguette oder ofenwarmes Fladenbrot sind eine gute Begleitung zu Tapas.

Anrichten kann man die Tapas auf Platten und in kleinen Schälchen. Fingerfoodlöffel sehen zwar hübsch aus, sind aber weniger geeignet, da jeweils nur eine Tapaportion darauf Platz hat. Kleine Teller bereitstellen und an Suppentässchen oder Gläser für eine Gazpacho denken, kleine Gabeln und Holzspießchen dazulegen.

SPANISCHE SPEZIALITÄTEN UND BESONDERE ZUTATEN

Gerade für Tapas eignen sich auch spanische Zutaten und Gewürze, die vielleicht nicht jedem geläufig sind. Hier ist eine Übersicht an Produkten, die Tapas das typische Flair verleihen. Die meisten dieser Zutaten sind in gut sortierten Gewürzläden, Markthallen oder Gemüse- und Feinkostgeschäften erhältlich.

ACEITE DE OLIVA
spanisches Olivenöl

01 In Spanien gibt es über 260 verschiedene Olivensorten, ein gutes Dutzend spielt bei der Ölherstellung eine Rolle. Spanien ist einer der größten Olivenölproduzenten der Welt. Die Farbe von spanischem

Olivenöl kann von hellgelb bis tiefgrün reichen, von ungefiltert naturtrüb bis klar.
Sehr frisches Öl schmeckt beim Hinunterschlucken pfeffrig-pikant. Die Schärfe verliert sich nach einigen Monaten. Wichtig ist,

dass hochwertiges kalt gepresstes Olivenöl (*aceite de oliva virgen extra*) immer gut verschlossen, im Dunkeln kühl, aber nicht im Kühlschrank aufbewahrt wird.

AJO MORADO DE LAS PEDROÑERAS
rosa Knoblauch aus Kastilien-La Mancha

02 Castilla-La Mancha, die Heimat Don Quijotes, ist auch die Heimat des geschätzten spanischen rosa Knoblauchs, *ajo morado*.

Rosa Knoblauch wird erst nach dem Winter gepflanzt. Ab Ende Juni wird er geerntet und samt welken Blätter und Wurzeln in luftigen Scheunen zum Trocknen

aufgehängt. Rosa Knoblauch ist milder als weißer. Er keimt nicht so rasch und ist wesentlich länger haltbar als weißer.

ALCACHOFAS
Artischocken

03 Für Artischocken beginnt in Spanien Ende September die Hauptsaison. Die größten Anbaugebiete liegen in Benicarló an der Costa Dorada und in der Vega Baja rund um

Murcia. Hautsächlich wird die Sorte *Blanca de Tudela* angebaut. Das ist eine grüne, feste runde Artischocke, mit dem charakteristischen, kleinen Loch oben in der Mitte. Wer sie bei uns

nicht bekommt, kann auch die zarten „Violet de Provence" oder die italienischen „Romanesco" verwenden.

▶ AZAFRÁN DE LA MANCHA DOP ◀
Safran aus La Mancha

04 Spanischer Safran trägt die Bezeichnung *Azafrán de la Mancha DOP.* Wichtigstes europäisches Anbaugebiet ist die spanische Region Castilla-La Mancha. Viel Handarbeit ist vom Setzen bis zum Ernten der lila blühenden Pflanze *Crocus Satiuus* zu erledigen. Safran blüht nur einmal im Jahr für circa zwei Wochen Ende Oktober. Für 1g Safran benötigt man in La Mancha 200–250 Blüten, die jeweils drei dunkelrote Fäden enthalten. Ein guter Pflücker schafft 60–70 g am Tag. 150.000–200.000 Stempelfäden müssen dann ohne Griffelreste von Hand aus den abgeschnittenen Blüten gezupft werden, um 1 kg frischen Safran zu erhalten. Durch das Trocknen verlieren sie bis zu vier Fünftel ihres Gewichts. D.h. 1 kg frischer Stempelfäden ergibt nur 200–250 g Safran.

Echter Safran ist auch in den Erzeugerländern teuer. Sein markanter, aromatischer Duft ist unvergleichlich. Beim Zerreiben färbt er die Finger intensiv gelb. Safranfäden bewahren ihr Aroma länger. Safranpulver kann mit billigen Zutaten gestreckt sein.

▶ ESPÁRRAGO TRIGUERO DE HUÉTOR-TÁJAR ◀
grüner halbwilder Spargel

05 Spanischer grüner Spargel, *espárragos trigueros,* ist mit unserem grünen Spargel entfernt verwandt. Er ist eine Kreuzung aus *Asparagus officinalis* und dem wild wachsenden *Asparagus acutifolius.* Dieser halbwilde, grüne Spargel, *Espárragos trigueros I.G.* genannt, hat eine geschützte Herkunftsbezeichnung. Er ist etwas dünner als unser grüner Spargel und hat den kräftigen, würzigen Geschmack seines wilden Vetters. ist in Feinkost- oder Gemüseläden zu bekommen.

Grüner Spargel muss nicht geschält werden. Es genügt, die holzigen Enden zu entfernen. Alternativ kann der normale, grüne Spargel verwendet werden. Bei uns werden die Sprosse des Pyrenäen-Milchsterns (Hyazinthengewächs) als Wilder Spargel oder Waldspargel angeboten, der kein Ersatz dafür ist.

▶ FLOR DE SAL Y SAL ◀
Salzblumen und Meersalz

06 *Flor de Sal* (Salzblume) entsteht nur an heißen und windstillen Tagen als hauchdünne Schicht an der Wasseroberfläche der Verdunstungsbecken. Die hauchdünnen Salzplättchen werden von Hand mit einer Holzschaufel mehrmals im Jahr abgeschöpft.
Das **grobkörnige Meersalz** wird unterhalb der Salzblume und nur einmal im Jahr geerntet. Das *Sal huméda* hat eine Restfeuchte und ist bei uns als feuchtes Meersalz erhältlich. Es wird grob zerkleinert, aber nicht künstlich rieselfähig gemacht.

GARBANZOS
Kichererbsen

07 Kichererbsen werden in Spanien vor allem in Andalusien, der Extremadura und in Kastilien-León sowie Kastilien-La Mancha angebaut. Besonders bekannt sind die *Garbanzos de Fuentesaúco D.O.* aus der nordspanischen Provinz Zamora die seit dem 16. Jahrhundert unter königlichem Schutz stehen. Diese kleinen Kichererbsen zeichnen sich durch ihre Zartheit und Festigkeit aus, denn sie verkochen nicht. Die große, andalusische *Garbanzo blanco lechoso* schmeckt mehlig und wird nach dem Kochen cremig. Die kleinste und auch teuerste spanische Kichererbse, die *Garbanzo Pedrosillano* aus Salamanca schmeckt nussig und behält keim Kochen stets die Form.

Getrocknete Kichererbsen schmecken besser als jene aus Glas oder Dose. Die Zubereitung ist auf Seite 36 beschrieben. Gegarte Kichererbsen lassen sich gut portionsweise einfrieren.

HIGOS Y BREVAS
Feigen

08 Feigen (*Ficus Carica*) sind überall an der Mittelmeerküste zu finden. Sie schmecken frisch und getrocknet. Saison haben Feigen als *brevas* im Juni und als *higos* von Ende August bis Anfang Oktober. Die größeren *brevas* sind Feigen, die im Herbst nicht fertig reifen, dafür im kommenden Frühjahr ausreifen.

Die Schale einer reifen Feige kann je nach Sorte grün, weiß oder dunkelviolett sein. Die Form ist kugelig bis birnförmig. Reif sind sie, wenn der Fruchtteil etwas eingetrocknet und die Schale leicht runzelig ist, beim Aufbrechen tritt süßer Saft aus. Frische Feigen lassen sich nebeneinander im Gemüsefach des Kühlschranks einige Tage lagern. Getrocknete sind mehrere Monate haltbar.

PASAS DE MÁLAGA
Muskatellerrosinen aus Málaga

09 Die sonnenverwöhnten Rosinen von Málaga sind etwas ganz Besonderes und wurden schon von den Mauren geliebt. Ausgangsprodukt sind die fruchtigen, aromatisch-süßen Trauben der Sorte *Muscat d'Alexandrie*. Die weißen Trauben mit intensivem Muskatgeschmack werden am Ende des Sommers vollreif geerntet und ausgebreitet in der warmen, andalusischen Sonne getrocknet. Jede künstliche Behandlung der *Pasas Moscatel de Málaga D.O.* ist verboten. Sie sind groß, besitzen einen hohen natürlichen Zuckergehalt und einen fruchtigen Geschmack.

PIMENTÓN DE LA VERA
geräuchertes Paprikapulver

10 *Pimentón de la Vera DOC* ist ein über Steineichenholz geräuchertes Paprikapulver. Für 1 kg sind 7 kg frische Paprikaschoten nötig. Die aus der Extremadura stammende Gewürzspezialität wird 10–15 Tage getrocknet, dabei täglich umgeschichtet, bis Aroma und Farbe stimmen. Danach werden die Paprikaschoten fein vermahlen und in die typischen Blechdosen abgefüllt, die das einzigartige Aroma gut konservieren. Beim Kauf ist auf die Originalpackung mit Authentizitätssiegel zu achten (*Pimentón de la Vera DOC*): die *Pimentón de la Vera DOC* gibt es in *dulce* (süß-mild; ähnlich edelsüßem Paprika), *picante* (scharf) und *agridulce* (süß-scharf).

PIMIENTOS DE PADRÓN
grüne, lange Gemüseparika

11 Die kleinen, tiefgrünen, länglichen Paprikaschoten sind eine Gemüsespezialität aus Nordspanien. *Pimientos de Padrón* sind knapp drei bis fünf Zentimeter lang, wiegen zwischen 3,5–4,5 g und gehören zu den *Capiscum-annum-L.-Gewächsen*. Franziskanermönche aus dem Kloster Herbón brachten sie im 16. Jahrhundert von Mexiko nach Spanien. Rund um ihr Kloster, nahe dem Ort Padrón und an den Ufern des Flusses Ulla machten sie die kleinen Grünen heimisch. Es entstand die kleine grüne Paprikasorte, die wir heute als *Pimientos de Padrón* kennen. Ihr geschätzter würziger Geschmack ist ihr Gütesiegel. Schmecken sie vor dem Braten bitter, dann sind sie nicht frisch. Echte *Pimientos de Padrón* aus Galicien heißen *Pimientos de Herbón D.O.* und werden unreif ab dem 15. Mai bis zum 31. Oktober geerntet. Was in den übrigen Monaten verkauft wird, kommt meist aus Marokko. Lässt man sie am Strauch reifen, werden sie länger, feuerrot und extrem scharf. Aber auch eine von zehn *Pimientos de Padrón* ist immer scharf, angeblich nur die gebogenen Schoten …

PIMIENTOS DEL PIQUILLO
süße rote Spitzpaprika aus Navarra

12 *Pimientos del Piquillo* sind dreieckige, feuerrote, süße Gemüseparika aus Navarra (geschützt durch *Denominación de Origen Piquillo de Lodosa*). Sie sind meist als Konserve erhältlich. Frisch geerntete Schoten werden über Holzkohle sacht gebraten, Stiel, Haut und Kerne entfernt und dann im eigenen Saft liegend in Gläser oder Dosen gefüllt. Der Geschmack ist leicht süßlich und rauchig. Sie werden in ganz Spanien als Tapa gefüllt gegessen, püriert als Sauce gereicht oder als ungewöhnliches Eis zubereitet. Eingelegte rote Gemüseparika sind eine Alternative.

PIÑONES
Pinienkerne

13 Echte Pinienkerne – *piñones* – wachsen nur auf der Mittelmeer- bzw. Schirmpinie (*Pinus Pinea*). Sie sind teuer, denn ihre Ernte zwischen November und Januar wird heute noch überwiegend von Hand durchgeführt. Die Pflücker, *pineros* genannt, müssen zur Ernte auf die wild wachsenden Pinien klettern und die Zapfen mit Stangen herunter schlagen. Für 1 kg Pinienkerne sind 20–30 Pinienzapfen nötig. Sie kommen in große Öfen, damit die Schuppen sich öffnen und die Kerne herausgeholt werden können. Die meisten spanischen Pinienkerne werden in Kastilien, León und Andalusien geerntet. Unterscheiden lassen sich echte Pinienkerne von den asiatischen der Koreakiefer in Größe und Farbe. Spanische sind kleiner, länglicher und viel heller als die eher dreieckigen aus dem Fernen Osten, die einen dunklen Punkt an der Spitze haben.

TOMATES NEGRAS
schwarze Tomaten

14 Streng besehen ist die schwarze Tomate nicht schwarz, sondern besitzt eher eine violette bis braune Schale und dunkelrotes bis braunes Fruchtfleisch. Über ihre Herkunft gibt es verschiedene Versionen. Diese Tomate ist außergewöhnlich saftig, süß-aromatisch und eignet sich vor allem zum Rohessen. Schwarze Tomaten lassen sich durch jede vollreife rote Tomate ersetzen.

VINAGRE DE JEREZ D.O.
Sherryessig

14 Wie Sherry, genießt auch Sherryessig eine geschützte Herkunftsbezeichnung (*Vinagre de Jerez D.O.*). Er darf nur aus der weißen Palominotraube oder den süßen Pedro Ximénez und Muskatellertrauben hergestellt werden. Sherryessig wird wie Sherrywein nach der Soleramethode hergestellt, statt des Alkohols lagert Essig in den Fässern. Drei Arten gibt es: Der bernsteinfarbene *Vinagre de Jerez* – sechs Monate bis zwei Jahre im Fass gereift mit deutlichem Sherrygeschmack; der mahagonifarbene *Vinagre de Jerez Reserva* – zwei bis zehn Jahre im Fass gereift mit leichten Anklängen von Vanille; und der *Vinagre de Jerez Gran Reserva* – mehr als zehn Jahre gereift. Sherryessige haben mit 7–9,5% mehr Säure als andere Weinessige, er wird daher nur sehr sparsam verwendet.

◗ VINAGRE BALSÁMICO DEL CONDADO DE HUELVA D.O. ◖
spanischer Balsamicoessig aus Huelva

15 Eine besondere Kostbarkeit ist der *Vinagre balsámico del Condado de Huelva D.O.* Der andalusische Balsamico aus Huelva ist in seiner Qualität italienischen Balsamicoessigen gleichzusetzen. Im Gegensatz zu seinen italienischen Vettern wird jedoch der Traubenmost nicht eingekocht, sondern reift jahrelang in Sherryfässern. Während des Reifeprozesses werden ihm gereifte Sherrys oder Likörweine zugesetzt. Danach reifen die Essige 10–45 Jahre in Eichenfässern. Die dunkel mahagonifarbenen, hocharomatischen Essige haben ein perfektes Gleichgewicht zwischen Säure und Süße. Sie werden nur tropfenweise verwendet.

◗ VINOS DE JEREZ ◖
Sherryweine

16 *Vinos de Jerez D.O.*, kurz Sherry genannt, werden im Südwesten Andalusiens an der Atlantikküste im Dreieck Jerez de la Frontera, Puerto de Santamaría und Sanlúcar de Barrameda angebaut. *Sherry* ist ein verstärkter, spanischer Weißwein – vorwiegend aus der Palominotraube –, der einem speziellen Reifeprozess, dem Soleraverfahren unterzogen wurde. Bei dieser Methode werden Weinfässer übereinandergestapelt. Als *solera* bezeichnet man die unterste Reihe der Fässer, die den ältesten und reifsten Wein enthält. Aus ihr wird die jeweils zur Abfüllung vorgesehene Weinmenge entnommen, maximal ein Drittel des Fassinhalts. Die Fassreihen darüber sind die *críadera* (Kinderstube). Die unten entnommene Menge wird vom Fass des darüberliegenden, nächst jüngeren Jahrgangs aufgefüllt. Fehlmengen der zweiten Reihe werden mit Wein aus der dritten gefüllt, diese mit Wein aus der vierten. So entsteht das unvergleichliche Aroma. Seinen spanischen Namen *Jerez* hat der Wein von der Stadt Jerez de la Frontera, von den Römern Ceret und von den Mauren *Sherish* genannt. Die Engländer machten daraus *Sherry*.

Mindestens vier Jahre vergehen, bis ein Sherry ins Glas kommt. Von Strohgelb über Gold, Mahagoni bis hin zu samtigem Rotbraun reicht die Farbpalette – je nach Alter. *Fino* ist der bekannteste Sherry, ein heller trockener Wein, der jung getrunken wird. In Sanlúcar de Barrameda heißt er *Manzanilla* und schmeckt etwas salziger. Dunkler und voller im Geschmack mit mehr Alkohol ist der *Amontillado*. Der dunkelgoldene bis braune *Oloroso* ist weicher, schwerer und körperreicher. *Oloroso* kann 18–20 Vol.-% Alkohol haben. *Cream Sherry* war ursprünglich ein trockener *Oloroso*, der mit süßem Pedro-Ximénez-Wein verschnitten wurde.[*]

---

[*] *Buchtipp der Redaktion: „Sherry – Kultur und Lebensart" von Werner Obalski und Jürgen Deibel (Hädecke Verlag)*

EINE AUSFÜHRLICHE PRODUKTBESCHREIBUNG FINDEN SIE AUF UNSERER WEBSITE:
WWW.HAEDECKE-VERLAG.DE/VEGGIE-TAPAS-PRODUKTE

SCHARFE GURKENSUPPE MIT MAISCREME

SOPITA PICANTE DE PEPINOS CON CREMA DULCE DE MAÎS

ERFRISCHEND UND SÜSS-PIKANT

SUPPE
300 g dicke **Freilandgurken**
(Schmorgurke)
1 **Knoblauchzehe**, wenn erhältlich: rosa
Knoblauch aus Kastilien-La Mancha
125 g **Joghurt**
10 ml **Zitronensaft**
¼ TL **Chilipaste**
oder 1 Msp **Wasabipaste**
Salz und **schwarzer Pfeffer**, frisch
gemahlen
mildes **Olivenöl**, nativ extra

MAISCREME
75 g **süße Maiskörner**, gegart*
20 ml **Sahne/Rahm**
10-15 ml **Wasser**
4-6 EL fruchtiges **Olivenöl**, nativ extra
scharfe **Chilisauce**, z. B. Tabasco
Salz und **schwarzer Pfeffer**, frisch
gemahlen

GARNITUR
Sprossen
frische **Kräuter** oder **Schnittlauch**,
fein gehackt

1. Pepino gut waschen, längs halbieren und die Kerne entfernen. Ungeschält in Stücke schneiden. Knoblauch häuten. Pepinostücke mit Knoblauch, Joghurt, Zitronensaft,
Wasabi, Salz und Pfeffer fein pürieren. Olivenöl langsam
hinzufügen. Abschmecken und eventuell nachwürzen.

2. Mais, Sahne, Wasser und Olivenöl pürieren, bis eine dicke
Creme entsteht. Mit Chili, Salz und Pfeffer abschmecken.

3. Beides im Kühlschrank aufbewahren, damit die Suppe
schön kalt ist.

4. In einem Glas serviert sieht die Gurken-Mais-Suppe sehr
appetitanregend aus: Zuerst Maiscreme einfüllen, dann
vorsichtig mit Pepinosuppe auffüllen. Mit Sprossen, frisch
gehackten Kräutern oder Schnittlauch dekorieren, mit
wenigen Tropfen Chilisauce beträufeln.

---

*   Für die Maiscreme verwende ich süßen, zarten
Zuckermais, ausnahmsweise aus der Dose.
Maiskörner in ein feines Sieb schütten und kurz
abbrausen.

GAZPACHO AUS ERBSEN MIT MINZE

GAZPACHO DE GUISANTES CON MENTA

2 säuerliche **Äpfel**, bevorzugt
Granny Smith
1 Handvoll frische **Minzeblättchen**
500 g frische **TK-Erbsen**
3–4 EL mildes **Olivenöl**, nativ extra
Flor de Sal (s. S. 7)
½ l eiskaltes **Wasser**
½ unbehandelte **Bio-Limette**,
Schalenabrieb

1. Äpfel vierteln und das Kerngehäuse entfernen. Ein paar Minzeblättchen aufheben, den Rest grob zerkleinern.

2. Noch gefrorene Erbsen, Äpfel, Minze, Öl und Wasser im Mixer fein pürieren. Erbsengazpacho durch ein feines Haarsieb streichen. Mit Salz und Limettenabrieb abschmecken.

3. Suppe sofort in tiefe Teller füllen. Mit Minzeblättchen und ein paar Tropfen bestem Olivenöl dekoriert servieren.

TIPP

Tiefgefrorene Erbsen verwenden, dann spart man sich das Kühlen dieser Gazpacho. Statt Flor de Sal und Limettenabrieb kann alternativ ein aromatisches Limettensalz verwendet werden.

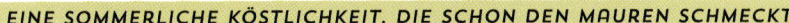

PINIENKERNSUPPE MIT ZUCKERSCHOTEN

AJOBLANCO DE PIÑONES CON TIRABEQUES

EINE SOMMERLICHE KÖSTLICHKEIT, DIE SCHON DEN MAUREN SCHMECKTE

1 **Knoblauchzehe**

90 g spanische **Pinienkerne** (s. S. 10)

50 g **Semmelbrösel** aus entrindetem Weißbrot oder Mie de Pain

60 ml **Milch**

300 ml **Wasser**

mildes **Olivenöl,** nativ extra

süßer **PX-Sherryessig** (s. S. 10), nach Geschmack

Salz und **schwarzer Pfeffer,** frisch gemahlen

16 **Zuckerschoten**

spanischer **Balsamicoessig** aus Huelva (s. S. 11)

Flor de Sal (s. S. 7) oder **schwarzes Hawaiisalz**

4 Blüten von **wildem Knoblauch,** alternativ: **Schnittlauchblüten**

1. Knoblauch häuten und mit 80 g Pinienkernen (restliche zur Dekoration beiseitestellen), Semmelbröseln, Milch, Wasser und 30 ml Olivenöl im Mixer pürieren, bis eine glatte, feine Creme entsteht. Mit Salz, Pfeffer und PX-Sherryessig abschmecken. Vier Stunden im Kühlschrank kalt stellen.

2. Vor dem Servieren Zuckerschoten mit Wasser abbrausen, Spitzen abschneiden, Schoten abtropfen lassen und auf Küchenpapier gut trocknen. 1 EL Olivenöl in einer Pfanne erhitzen. Zuckerschoten kurz im heißen Öl schwenken, sodass sie knackig bleiben. Mit Salz und Pfeffer würzen.

3. Restliche Pinienkerne ohne Fett in einer Pfanne kurz anrösten.

4. Gut gekühlte Pinienkernsuppe in vier Tassen füllen. Lauwarme Zuckerschoten in die Mitte legen und mit wenigen Tropfen Balsamico beträufeln. Mit gerösteten Pinienkernen und Flor de Sal bestreuen, mit einer Knoblauchblüte dekorieren.

TIPP

Je länger die Suppe durchzieht, desto besser wird sie. Sie lässt sich also gut einen Tag vorher zubereiten.
Statt der Pinienkerne sind auch gemahlene, weiße Mandeln verwendbar.
Das schwarze Hawaiisalz sieht gut auf der Suppe aus und besitzt ein ganz besonderes Salzaroma.

CREME AUS GURKEN, JOGHURT UND PFIRSICH
CREMA DE PEPINOS, YOGUR Y MELOCOTÓN

2 **Schmorgurken** (dicke Freilandgurken)
1 reifer **Pfirsich,** alternativ: 1 **Nektarine**
oder 2 **Aprikosen**
125 g **Joghurt**
2 TL **Zucker**
1 Prise **Salz**
1 EL mildes **Olivenöl,** nativ extra
1 Handvoll **Kirschen**

1. Gurke schälen, Pfirsich waschen, abtrocknen und ent-kernen. Pfirsich und Gurke in Stücke schneiden, einige dünne Gurkenscheiben für die Dekoration beiseitelegen. Pfirsich- und Gurkenstücke mit Joghurt, Zucker, Salz und Olivenöl fein pürieren. Für mindestens eine Stunde in den Kühlschrank stellen.

2. Zum Servieren in Gläser füllen. Eine Kirsche etwas ein-schneiden und ein paar Tropfen Kirschsaft auf die Creme träufeln. Mit Kirschen und Gurkenscheiben dekorieren.

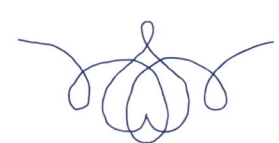

FRUCHTIG UND FRISCH

ARTISCHOCKEN-BARIGOULE

ALCACHOFAS BARIGOULE

16 kleine **Artischocken**
4 rosa **Knoblauchzehen**
4 **Karotten**
1 Bund **Lauchzwiebeln**
1 Bund frischer **Thymian**
½ l spanischer **Weißwein** oder **Sherry Fino** (s. S. 11)
Salz und **schwarzer Pfeffer**, frisch gemahlen
2–3 EL fruchtiges **Olivenöl**, nativ extra

1. Artischocken großzügig entblättern und die Spitzen abschneiden. Stiel nicht entfernen, sondern dünn abschälen. Knoblauch häuten und Karotten schaben. Lauchzwiebeln, Knoblauch und Karotten in Scheiben schneiden.

2. Olivenöl in einem breiten Topf erhitzen. Zwiebeln und Knoblauch zwei bis drei Minuten darin anschwitzen. Artischocken nebeneinander dazulegen. Thymianstängel darüber verteilen. Wein angießen und mit Wasser auffüllen, bis die Artischocken knapp bedeckt sind. Salzen und pfeffern. Deckel auflegen und ca. 25 Minuten köcheln. Danach ohne Deckel die Flüssigkeit bei starker Hitze einkochen, bis sie fast sirupartig wird.

3. Artischocken-Barigoule schmeckt warm und kalt.

ARTISCHOCKEN MIT FRANZÖSISCHEM TOUCH

TIPP

Damit die Artischocken sich nicht verfärben, sofort in kaltes Zitronenwasser legen. Nicht zu viel Zitronensaft verwenden, sonst verliert die Artischocke ihr feines Aroma.

ARTISCHOCKEN IM ORANGENSUD

ALCACHOFAS EN JUGO DE NARANJA

INTENSIV UND FRUCHTIG

250 g **Kartoffeln**, mehligkochend
½ Bund **Schnittlauch**
3 **Orangen**
100 g **Parmesan**, frisch gerieben
mildes **Olivenöl**, nativ extra
Salz
12 kleine spanische oder italienische
Artischocken (s. S. 6)
2 unbehandelte **Bio-Zitronen**
1 TL **Zucker**

1. Kartoffeln mit der Schale in Wasser weich kochen. Schnittlauch mit der Schere in feine Röllchen schneiden. Orangen auspressen und ein Drittel des Safts für die Artischocken beiseite stellen. Schale von den gekochten Kartoffeln abziehen. Aus Kartoffeln, Parmesan, etwas Olivenöl, Schnittlauch und Orangensaft einen dicken Kartoffelbrei zubereiten. Mit Salz abschmecken.

2. Artischocken putzen: Dazu die äußeren, harten Blätter wegbrechen und die Spitzen großzügig abschneiden. Stiele mit einem scharfen Messer schälen.

3. Backofen auf 190 °C vorheizen.

4. Gesalzenes Wasser mit zwei in Scheiben geschnittenen Zitronen zum Kochen bringen. Artischocken je nach Größe 15–20 Minuten darin garen.

5. Artischocken aus dem Sud nehmen und gut abtropfen lassen. Mit einem Teelöffel das Heu im Inneren vorsichtig entfernen. Artischocken mit dem vorbereiteten Kartoffelbrei füllen. Dann mit den Stielen nach oben in eine feuerfeste Form setzen. Saft der dritten Orange angießen, mit Zucker bestreuen und mit Olivenöl beträufeln. Im vorgeheizten Backofen 20–30 Minuten auf der mittleren Schiene garen. Im Sud servieren.

TIPP

Der Kartoffelbrei für diese gefüllten Artischocken sollte ziemlich fest sein, sonst zerläuft er beim Backen.

MARINIERTE ARTISCHOCKEN MIT BALSAMICO-ERDBEEREN
CORAZONES DE ALCACHOFA CON FRESAS EN VINAGRE BALSÁMICO

8 kleine **Artischocken,** gekocht
4 kleine, rosa **Knoblauchzehen**
8 frische **Salbeiblätter**
40 ml **Zitronensaft**
mildes **Olivenöl,** nativ extra
Salz und **schwarzer Pfeffer,** frisch gemahlen
8 **Erdbeeren**
spanischer **Balsamicoessig** aus Huelva (s. S. 11)
1 Prise **Zucker**
Meersalz
schwarzer Pfeffer, frisch gemahlen
frische **Rosmarinnadeln,** fein gehackt

WÜRZIG UND KONTRASTREICH

1. Gekochte Artischocken bis aufs Herz entblättern. Stiel dünn abschälen und die Artischocken halbieren.

2. Für die Marinade Knoblauchzehen häuten. Zusammen mit Salbei, Zitronensaft und 100 ml Olivenöl mit dem Pürierstab fein pürieren. Mit Salz und Pfeffer abschmecken. Artischockenhälften in eine Schüssel legen und mit der Marinade übergießen. Die Schüssel verschlossen über Nacht in den Kühlschrank stellen.

3. Erdbeeren putzen und Stielansatz entfernen. Früchte in Würfel schneiden. In einer Schüssel mit Balsamico, Zucker, Salz und schwarzem Pfeffer ca. 15 Minuten marinieren.

4. Artischocken mit der Marinade in einen Topf setzen und fünf Minuten bei geringer Hitze köcheln lassen.

5. Artischockenhälften auf vier Teller verteilen und mit der Marinade beträufeln. Die Erdbeeren dazulegen und mit einer Prise Zucker und Salz, Pfeffer und Rosmarin bestreuen, wenige Tropfen Balsamico darüberträufeln.

TIPP

Hier kommt der köstliche mahagonifarbene spanische Balsamicoessig aus Huelva zum Einsatz, der herrlich nach Holz, Honig, Mandeln, Feigen, Rosinen und Datteln schmeckt. Man kann ihn auch durch Aceto Balsamico Tradizionale di Modena ersetzen. Rosensalz verleiht den Erdbeeren noch ein besonderes Aroma. Wer möchte, kann dieses mit getrockneten Rosenblättern vermischte Salz statt des Meersalzes einsetzen.

ARTISCHOCKENHERZEN MIT ZIEGENKÄSE UND PAPRIKASAUCE

CORAZONES DE ALCACHOFA CON QUESO DE CABRA Y SALSA DE PIMIENTO

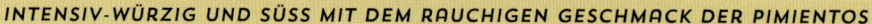

INTENSIV-WÜRZIG UND SÜSS MIT DEM RAUCHIGEN GESCHMACK DER PIMIENTOS

4 frische **Artischocken**
Salz
½ **Zitrone**, Saft
80 g **Pimientos del Piquillo** (s. S. 9)
½ **Knoblauchzehe**
einige **Schnittlauchhalme**, fein geschnitten
fruchtiges **Olivenöl**, nativ extra
½ **Zwiebel**
einige **Baguettescheiben**, nach Geschmack
150 g **Ziegenkäserolle**

Bild siehe zu Beginn des Buches

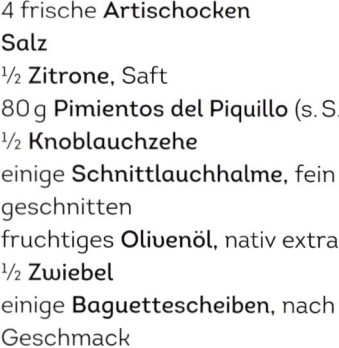

1. Artischocken großzügig entblättern, Stiel ausbrechen und die Spitze abschneiden. In kochendes Salzwasser geben, dem Zitronensaft hinzugefügt wurde. Je nach Größe 10–15 Minuten kochen. Herausnehmen und abtropfen lassen, restliche Blätter und Heu entfernen.

2. Pimientos del Piquillo abtropfen lassen. Zusammen mit Knoblauch, etwas Schnittlauch und Olivenöl mit dem Pürierstab pürieren.

3. Zwiebel schälen und fein hacken. In Olivenöl knusprig braun braten. Baguettescheiben in wenig Olivenöl goldbraun rösten.

4. Ziegenkäserolle in beliebige Scheiben schneiden. Am besten lässt der Käse sich schneiden, wenn er direkt aus dem Kühlschrank kommt.

5. Käse auf die gerösteten Baguettescheiben legen. Mit Piquillosauce beträufeln und darauf die Artischockenherzen setzen. Mit gebratenen Zwiebeln, ein paar Schnittlauchröllchen und einigen Tropfen Olivenöl dekorieren.

TIPP

Ideal für diese Tapa sind die roten süßen Pimientos del Piquillo. Notfalls sind auch gegrillte rote Gemüsepaprika aus dem Glas verwendbar, sie schmecken jedoch weniger süß. Alternativ können für dieses Rezept auch ausnahmsweise Artischocken aus der Dose oder dem Glas verwendet werden.

MARINIERTE KLEINE AUBERGINEN MIT OLIVENÖL, KNOBLAUCH UND KRÄUTERN

BERENJENAS PEQUEÑAS MARINADAS EN ACEITE DE OLIVA, AJO Y HIERBAS AROMÁTICAS

WÜRZIG MIT DEUTLICHEM KRÄUTERAKZENT

MARINADE
5 **Knoblauchzehen**
glattblättrige **Petersilie**
frischer **Oregano**
ein paar frische **Minzeblättchen**
4 **Lorbeerblätter**
fruchtiges **Olivenöl**, nativ extra
unbehandeltes mittelfeines **Meersalz**
(feuchtes Meersalz, s. S. 7)
schwarzer Pfeffer, frisch gemahlen

200 ml **Weinessig**
400 ml **Wasser**
½ TL **Meersalz**
3 **Gewürznelken**
500 g kleine lila-weiße **Auberginen**
(ca. 5–8 cm lang)

Bild siehe zu Beginn des Buches

1. Knoblauch häuten und fein hacken. Petersilien- und Oreganoblättchen sowie Minze nicht zu fein hacken. Alles mit 2 Lorbeerblättern in eine Schüssel geben. Olivenöl zugießen, Salz und Pfeffer hinzufügen. Mindestens 30 Minuten ziehen lassen.

2. Essigwasser mit Salz, Nelken und restlichen Lorbeerblättern aufkochen. Gewaschene Auberginen am Stück darin ca. zehn Minuten bei mittlerer Hitze köcheln (die Garzeit richtet sich nach der Größe der Auberginen).

3. In ein Sieb schütten, kurz abtropfen lassen und noch warm mit der vorbereiteten Knoblauch-Kräuter-Marinade mischen. Abkühlen lassen und zugedeckt 24 Stunden im Kühlschrank marinieren (sie lassen sich darin auch problemlos einige Tage aufbewahren).

TIPP

Diese kleinen Auberginen haben einen besonders intensiven Geschmack. In Spanien werden sie oft, in eine würzige Marinade eingelegt, angeboten. Als Ersatz lassen sich auch kleine violette Auberginen oder grob gewürfelte normale Auberginen verwenden, die jedoch ein anderes Aroma haben.

GEBRATENE AUBERGINEN MIT ZIEGEN-KÄSESCHAUM UND LAVENDEL

BERENJENAS ASADAS CON ESPUMA DE QUESO DE CABRA Y LAVANDA

INTENSIV UND KONTRASTREICH

4 mittelgroße **Auberginen**
fruchtiges **Olivenöl**, nativ extra

ZIEGENKÄSESCHAUM
100 ml **Milch**
100 ml **Sahne/Rahm**
40–50 g **Ziegenfrischkäse**
Lavendelsalz
schwarzer **Pfeffer**, frisch gemahlen
2–3 frische **Lavendelblütenrispen**

1. Backofen auf 200 °C vorheizen. Auberginen schräg, nicht zu tief einschneiden. Auf ein Backblech legen. Mit Olivenöl beträufeln und im vorgeheizten Backofen ca. 60 Minuten garen. Herausnehmen und abkühlen lassen. Dann die Haut vorsichtig abziehen.

2. Alle Zutaten für den Ziegenkäseschaum kurz vor dem Servieren mit dem Pürierstab aufschäumen.

3. Auberginen in Längsstreifen schneiden und auf Tellern anrichten. Ziegenkäseschaum darüberträufeln und mit Lavendelblüten garnieren.

TIPP

Lavendelblüten nur sehr sparsam verwenden, denn sie haben einen intensiven Geschmack.

TÜRMCHEN AUS AUBERGINEN, TOMATEN UND SCHAFSKÄSE
TORRECITA DE BERENJENAS, TOMATES Y QUESO DE OVEJA

1 mittelgroße **Aubergine**
2–3 **Tomaten**
½ kleine **Zwiebel**
ca. 200 g mittelreifer, spanischer **Schafskäse**
fruchtiges **Olivenöl**
Flor de Sal (s. S. 7)
schwarzer Pfeffer, frisch gemahlen
einige **Basilikumblätter**

Zahnstocher oder **kleine Spießchen**

KNACKIG UND HERRLICH MEDITERRAN

1. Auberginen und Tomaten in nicht zu dünne, ungefähr gleich große Scheiben schneiden. Zwiebel in feine Streifen. Käse in dünne, passend große Scheiben schneiden. Auberginenscheiben beidseitig mit Olivenöl einpinseln.

2. Olivenöl in einer Pfanne erhitzen. Auberginenscheiben darin von beiden Seiten goldbraun anbraten. Auf Küchenkrepp legen und abtropfen lassen.

3. Tomatenscheiben für eine Minute ebenfalls im heißen Öl anbraten, evtl. Öl nachgießen.

4. Auberginen-, Tomaten- und Käsescheiben zu einem Türmchen aufbauen. Mit Tomaten abschließen und Zwiebelstreifen oben auflegen. Mit Salz und Pfeffer würzen. Mit Basilikumblättern garnieren, abschließend mit gutem Olivenöl beträufeln und mit einem Zahnstocher fixieren.

TIPP

Maldon Sea Salt ist seit einiger Zeit in Spanien populär und hat einen ganz besonderen Geschmack, der sehr gut mit dieser Kombination harmoniert und das Flor de Sal ersetzen kann.
Wer es weniger kräftig mag, kann statt Schafskäse auch 1–2 Kugeln Büffelmozzarella verwenden und diesen in Scheiben schneiden. Auch Ziegefrischkäsetaler passen gut dazu.

AUBERGINEN MIT PINIENKERNEN UND JOGHURTSAUCE

BERENJENAS CON PIÑONES EN SALSA DE YOGUR

WUNDERBAR FRISCH MIT MINZE

2 **Auberginen**
fruchtiges **Olivenöl**, nativ extra
2 EL spanische **Pinienkerne** (s. S. 10)
1 Zweig frische **Minze** (Zitronen- oder Pfefferminze), Blättchen in feine Streifen geschnitten
Flor de Sal (s. S. 7)

SAUCE
250 g **Ziegenmilchjoghurt**
1 EL mildes **Olivenöl**, nativ extra
1 **Limette**, Saft
1 **Salatgurke**
1 kleine, rosa **Knoblauchzehe**
4–5 Zweige frische **Minze**, Blättchen abgezupft

1. Auberginen waschen, abtrocknen und quer in dünne Scheiben schneiden. Beidseitig gut mit Olivenöl einpinseln.

2. Eine Pfanne ohne Öl erhitzen. Eingeölte Auberginenscheiben darin von beiden Seiten 3–4 Minuten goldbraun braten (je nach Dicke der Scheiben). Auberginen auf Küchenpapier abkühlen lassen.

3. Pinienkerne in der Pfanne ohne Fettzugabe kurz anrösten.

4. Für die Sauce Joghurt mit Olivenöl und der Hälfte des Limettensafts verrühren. Gurke schälen, Kerne entfernen und das Fleisch in Würfel schneiden. Knoblauch abziehen und fein hacken. Minzeblättchen in feine Streifen schneiden. Alles vermischen und nach Geschmack salzen.

5. Auberginenscheiben fächerförmig auf einen Teller legen. Mit Flor de Sal bestreuen und mit dem restlichen Limettensaft beträufeln. Pinienkerne und Minzestreifen darüber verteilen. Einen Klecks der Joghurtsauce in die Mitte geben, die restliche Sauce separat dazu servieren.

TIPP

Die besondere Würze bekommt diese Tapa durch den harzig-aromatischen Geschmack der echten Pininenkerne.
Wer das Zitrusaroma noch intensivieren möchte, kann Limettensalz verwenden.

DATTELN, GEFÜLLT MIT FRISCHKÄSE

DÁTILES RELLENOS CON QUESO FRESCO DE CABRA

16 große **Datteln**
100 g **Ziegenfrischkäse**
1 EL **Zitronenblütenhonig**
½ TL **Zimtpulver**
1 unbehandelte **Bio-Zitrone**,
Schalenabrieb
frische **Minzeblätter**

1. Datteln längs aufschneiden und den Kern entfernen.

2. Frischkäse in einer Schüssel mit Honig, Zimt und Zitronenschale vermischen.

3. Datteln mit der Käsemischung füllen. Gefüllte Datteln auf einen Teller legen. Mit ein paar Tropfen Honig beträufeln und den Minzeblättchen dekorieren.

 **TIPP** *Zimt und Minze wird in Andalusien gern für herzhafte Gerichte und Tapas verwendet.*

DATTELN, GEFÜLLT MIT BLAUSCHIMMELKÄSE

DÁTILES RELLENOS CON QUESO AZUL

16 große **Datteln**
ca. 100 g **Blauschimmelkäse** (z. B.
Queso Azul aus Asturien oder Picón
aus Kantabrien)
2 EL **Sahne/Rahm**
8 geschälte oder ungeschälte **Mandeln**,
nach Geschmack

1. Datteln längs einschneiden und den Kern entfernen. Blauschimmelkäse mit der Sahne gut zerdrücken. Mandeln der Länge nach halbieren.

2. Datteln mit der Käsecreme füllen. Je eine Mandelhälfte in die Füllung stecken und die Datteln auf einem Teller servieren.

 **TIPP** *Es eignen sich auch Walnüsse/Baumnüsse für diese Tapa.*

DATTELN, GEFÜLLT MIT
BLAUSCHIMMELKÄSE

FRISCHE FEIGEN MIT CRÈME FRAÎCHE

DATTELN, GEFÜLLT MIT WALNÜSSEN

DÁTILES RELLENOS CON NUECES

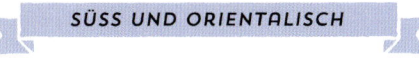

16 große **Datteln**
16 **Walnuss-/Baumnusskerne**
etwas **Butter**
Zimt

 **TIPP**

Entkernte Datteln am Vortag in Cognac oder Brandy einlegen.

1. Datteln aufschneiden und den Kern entfernen.

2. Walnusskerne in einer Pfanne ohne Fett leicht anrösten. Jede Dattel mit einem Walnusskern füllen.

3. Butter in einer Pfanne erhitzen. Datteln darin ein bis zwei Minuten schwenken und mit Zimt bestreuen. Pfanne vom Herd nehmen, Deckel auflegen und die Datteln fünf Minuten darin ruhen lassen. Sie schmecken lauwarm und kalt.

FRISCHE FEIGEN MIT CRÈME FRAÎCHE

HIGOS CON CRÈME FRAÎCHE

 *EINFACH UND KÖSTLICH*

8-12 frische, feste **Feigen**, gut gekühlt
250 g **Crème fraîche**
1 Prise **Salz**
Zimtpulver
rote Pfefferbeeren, frisch gemahlen

TIPP

Beim Kauf auf vollreife, süße Feigen achten.

1. Spitzen der Feigen knapp abschneiden. Die Früchte kreuzweise einschneiden und leicht auseinanderdrücken.

2. Crème fraîche mit Salz und einem Hauch Zimt verrühren. Jeweils etwas davon in die vorbereitete Öffnung füllen und die Feigen auf einen Teller setzen. Mit rotem Pfeffer bestreuen und servieren.

HUMMUS MIT KNUSPRIGEN AUBERGINEN

HUMMUS CON BERENJENAS CRUJIENTES

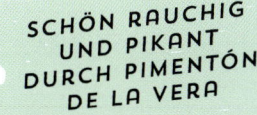

SCHÖN RAUCHIG UND PIKANT DURCH PIMENTÓN DE LA VERA

1 große **Aubergine**
Chiliöl

2 rosa **Knoblauchzehen** (s. S. 6)
400 g **Kichererbsen**, gekocht (s. S. 8 und 36) mit etwas Kochflüssigkeit
3 EL **Tahin** (Sesampaste)
½ **Zitrone**, Saft
1 Zweig glattblättrige **Petersilie** oder **Koriander**
4–6 EL fruchtiges **Olivenöl**, nativ extra
Salz und **schwarzer Pfeffer**, frisch gemahlen
Pimentón de la Vera picante (s. S. 9) oder scharfes **Paprikapulver**

1. Backofen auf 150 °C vorheizen. Aubergine waschen, Stielansatz enfernen und das Gemüse in feine Scheiben schneiden. Auf ein Backblech legen und mit Chiliöl beträufeln. Im Backofen auf der mittleren Schiene braten, bis sie knusprig goldbraun sind.

2. Für den Hummus Knoblauchzehen abziehen. Zuammen mit den gegarten Kichererbsen, Tahin, Zitronensaft und Petersilien- oder Korianderblättchen im Mixer oder mit dem Pürierstab fein pürieren. Eventuell etwas von der Kochflüssigkeit zugeben, falls der Hummus zu dick wird. Dann das Olivenöl unterrühren. Mit Salz und Pfeffer abschmecken.

3. Zum Servieren den Hummus auf vier kleine Teller verteilen und mit Paprikapulver bestäuben. Die knusprigen Auberginenscheiben in den Hummus stecken. Zum Schluss mit etwas Chiliöl beträufeln.

TIPP

Dazu schmeckt frisch gebackenes, ofenwarmes Pita- oder Fladenbrot am besten. Auberginen vertragen kräftige Gewürze. Die Zubereitung im Backofen ist fettärmer als die in der Pfanne und die Auberginenscheiben werden knuspriger.

HUMMUS AUS SÜSSKARTOFFELN UND BASILIKUM

HUMMUS DE BATATAS Y ALBAHACA

BESONDERS AROMATISCH DURCH DIE KOMBINATION MIT FRISCHEM BASILIKUM

4 **Süßkartoffeln** à ca. 120 g
1 rosa **Knoblauchzehe** (s. S. 6)
1 getrocknete **Tomate**, in Öl eingelegt
20–25 g **Tahin** (Sesampaste)
1 TL **Kreuzkümmelpulver** (Cumin)
1 TL **Korianderpulver**
schwarzer **Pfeffer**, frisch gemahlen
½ TL **Pimentón de la Vera dulce**
(s. S. 9)
1 EL **Zitronensaft**, frisch gepresst
4–5 EL **Olivenöl**, nativ extra
8 Blätter **Basilikum**, drei davon in
feine Streifen geschnitten
Salz

1. Backofen auf 160 °C vorheizen. Süßkartoffeln unter fließendem Wasser gut abbürsten, abtrocknen und einzeln fest in Aluminiumfolie einwickeln. Im Backofen auf dem Gitter garen, bis sie weich sind. Süßkartoffeln herausnehmen, aus der Folie wickeln und etwas abkühlen lassen. Schälen, dann in Würfel schneiden.

2. Zusammen mit gehäutetem Knoblauch, getrockneter Tomate, Tahin, Gewürzen, Zitronensaft, Olivenöl und ganzen Basilikumblättern mit dem Pürierstab fein pürieren. Nach Geschmack salzen. In eine Schüssel füllen, mit wenigen Tropfen Olivenöl beträufeln und Basilikumstreifen darüberstreuen.

TIPP

Zusammen mit Pita- oder frischem Fladenbrot servieren.

MARINIERTE ZUCCHINI, SEITE 72

HUMMUS MIT TAPENADE

HUMMUS CON TAPENADE

Hummus, traditionell aus Kichererbsenpüree hergestellt, ist ein idealer Begleiter für viele Tapas. Das arabische Wort houmous bedeutet Kichererbse, aber auch Dip oder Meze. Seit der maurischen Zeit hat sie Einzug in die spanische Küche gehalten. Ganz besonders gut harmonieren Hummus und Auberginen.

HUMMUS
200–250 g **Kichererbsen**
2 rosa **Knoblauchzehen** (s. S. 6)
1 Zweig **Koriander** oder glattblättrige
Petersilie
3–4 EL **Tahin** (Sesampaste)
ca. 60 ml fruchtiges **Olivenöl**,
nativ extra
Salz und schwarzer **Pfeffer**, frisch
gemahlen
Pimentón de la Vera picante (s. S. 9)
1 **Zitrone**, Saft
1 Prise **Kreuzkümmelpulver** (Cumin)

1–2 aromatische **Bio-Gartengurken**
1 Glas **vegetarische Tapenade**
(Olivenpaste aus Frankreich) oder
Olivenkonfitüre

Bild siehe zu Beginn des Buches

1. Am Vortag Kichererbsen über Nacht in heißem Wasser einweichen. Flüssigkeit dabei zwei Fingerbreit über den Hülsenfrüchten aufgießen. Am nächsten Tag das Einweichwasser abgießen. Kichererbsen mit kaltem Wasser ohne Salz in einem Topf aufsetzen und zum Kochen bringen. Kichererbsen benötigen je nach Alter und Größe 45–60 Minuten, bis sie gar sind. Nach 40 Minuten probieren. Ein wenig von der Kochbrühe beiseitestellen.

2. Für den Hummus Knoblauchzehen abziehen. Korianderoder Petersilienblättchen abzupfen. Zusammen mit den Kichererbsen, etwas Kochbrühe und dem Tahin im Mixer oder mit dem Pürierstab sehr fein pürieren. Dann Olivenöl gut darunterrühren. Mit Salz, Pfeffer, Paprikapulver, Kreuzkümmel und Zitronensaft abschmecken.

3. Gurke gut waschen und abtrocknen. Mit dem Sparschäler dekorativ schälen. In nicht zu dünne Scheiben schneiden. Auf jede Gurkenscheibe 1 TL Hummus und darauf einen Klecks Tapenade geben. Mit etwas Olivenöl überträufeln und einen Hauch Pimentón de la Vera picante darübergeben.

TIPP

Olivenöl erst nach dem Pürieren unter die Kichererbsenpaste rühren, sonst kann es bitter werden. Für den Hummus besser ungeräucherte Tahin verwenden, die hat einen weniger starken Eigengeschmack. Zur Not lässt sich Hummus auch mit gegarten Kichererbsen aus dem Glas herstellen, dann jedoch das Wasser komplett abgießen und nicht weiterverwenden.

KARAMELLISIERTE CHAMPAGNER-ZWIEBEL MIT ZIEGENKÄSE

CEBOLLAS CARAMELIZADAS CON CAVA Y QUESO DE CABRA

SÜSS-SÄUERLICH MIT EXQUISITEM GESCHMACK

4 **Minitartelettes**, fertig gekauft
1 dicke Scheibe **Ziegenfrischkäse**
1 große, rote **Zwiebel**
mildes **Olivenöl** nativ extra
mallorquinisches **Hibiskussalz**
1 TL rote **Pfefferbeeren**, frisch gemahlen
½ TL brauner **Zucker**
150 ml **Cava***
Piment, frisch gemahlen
glattblättrige **Petersilie**

---

*   *spanischer Schaumwein, nach Champagner-methode hergestellt*

1. Tartelettes auf eine Servierplatte setzen und Ziegenfrischkäse zerbröseln. Zwiebel häuten, halbieren und in Halbringe schneiden.

2. Olivenöl in einer Pfanne erhitzen. Zwiebelringe darin bei schwacher Hitze weich braten, leicht salzen.

3. Pfefferbeeren, Zucker und Cava hinzufügen. Hitze erhöhen und die Zwiebelringe solange dünsten, bis die Flüssigkeit verdampft ist und sie leicht karamellisieren. Ab und zu umrühren, eventuell nachsalzen.

4. Ziegenkäse und Zwiebeln in die Tartelettes füllen. Mit etwas Piment bestreuen und mit Petersilienblättchen dekorieren.

TIPP

Da der Zucker in der Zwiebel karamellisiert, dauert es gut 25–30 Minuten, bis die Bräunung erreicht ist. Die Zwiebeln dürfen keinesfalls rösten, deshalb immer nur bei schwacher Hitze karamellisieren lassen.

BLÄTTERTEIGPASTETEN MIT KÄSECREME UND KONFIERTER PAPRIKA
TARTALETA DE CREMA DE QUESO Y PIMIENTOS CONFITADOS

2 **Blätterteighüllen** vom Bäcker (vol au vent)

FÜLLUNG
1 grüne **Gemüsepaprika**
4 EL brauner **Zucker**
3 EL fruchtiges **Olivenöl**
50 g süßer **Pedro-Ximénez-Wein** (s. S. 11)
1 EL **Rotweinessig**
Salz
50–80 g **Blauschimmelkäse** (z. B. Queso Azul oder Queso Cabrales aus Asturien oder Picón aus Nordspanien)
etwas **Sahne/Rahm**

1. Backofen auf 180 °C vorheizen. Gemüsepaprika waschen, abtrocknen, auf ein Backblech legen und mit Olivenöl beträufeln. Im vorgeheizten Backofen ca. 30 Minuten garen. Paprika auf einem Teller mit Klarsichtfolie bedeckt 20 Minuten ruhen lassen. Sobald sie abgekühlt ist, die Haut abziehen. Samen entfernen und Fruchtfleisch in schmale Streifen schneiden.

2. Zucker in einer Pfanne bei mittlerer Hitze schmelzen. Paprikastreifen, Olivenöl, Wein und Essig hinzufügen. Langsam unter Rühren karamellisieren lassen, mit Salz abschmecken. Falls die Mischung zu trocken wird, etwas Wasser angießen. Pfanne vom Herd nehmen und abkühlen lassen.

3. Blauschimmelkäse zerdrücken, mit wenig Sahne glatt rühren und in die Blätterteigpasteten füllen. Konfierte Paprika darüber verteilen und sofort genießen, damit der Blätterteig nicht aufweicht.

TIPP

Eine Alternative zum kräftigen spanischen Blauschimmelkäse ist Roquefort. Wer es nicht ganz so würzig-pikant möchte, verwendet Gorgonzola dolce, dessen Geschmack mit dezent süßer Note meist milder ist.

FRISCHKÄSE MIT RUCOLA UND HONIG-WALNUSS-VINAIGRETTE

QUESO FRESCO CON RÚCULA, MIEL Y VINAGRETA DE NUECES

PIKANT UND SÜSSLICH MIT FEINEM WALNUSSGESCHMACK

1 weiße **Zwiebel**
10 **Walnuss-/Baumnusskerne**
2 EL mildes **Olivenöl**
2 EL **Orangenblütenhonig**
2–3 EL **Sherryessig** (s. S. 10)
oder **Honigessig**
Salz und **weißer Pfeffer**, frisch
gemahlen

1 ungesalzener, spanischer schnittfester **Frischkäse** (z. B. Burgos oder Mató)
1 Handvoll **Rucola**

1. Zwiebel häuten und sehr fein hacken. Walnusskerne ebenfalls fein hacken.

2. Olivenöl in einer Pfanne erhitzen. Zwiebel im heißen Öl bei schwacher Hitze zwei bis drei Minuten anschwitzen. Honig dazugeben und die Zwiebel darin bei schwacher Hitze sechs bis acht Minuten garen, sie darf nicht braun werden. Sherry- oder Honigessig zugießen und etwas einkochen lassen. Mit Salz und Pfeffer abschmecken und die Walnusskerne dazugeben. Vom Herd nehmen und etwas abkühlen lassen.

3. Frischkäse achteln. Zwei Scheiben auf einen Teller legen. Darauf etwas Rucola verteilen. Mit der Honig-Walnuss-Vinaigrette großzügig beträufeln.

TIPP

*Eine Käse-Alternative ist der französische, ebenfalls neutrale Brillat-Savarin.
Der kommt zwar aus der Normandie, ist aber bei uns einfacher erhältlich.
Auch Mozzarella oder salzarmer Feta sind einen Versuch wert.*

GEGRILLTER ZIEGENKÄSE MIT BOHNENKRAUT

QUESO DE CABRA A LA BRASA CON AJEDREA

Bohnenkraut mit seinem aromatisch-pfeffrigen Aroma eignet sich zu viel mehr,
als nur zum Würzen von Bohnen und deftigen Gerichten. Griechen und Römer würzten schon
mit Bohnenkraut und schrieben ihm aphrodisierende Kräfte zu.

1 **Ziegenkäserolle**, ca. 200 g
1 TL schwarze oder bunte **Pfefferkörner**
½ Bund **Bohnenkraut**
fruchtiges **Olivenöl**, nativ extra

1. Ziegenkäse in gut daumendicke Scheiben schneiden. Pfefferkörner im Mörser zerstoßen. Bohnenkrautblättchen abstreifen und eventuell klein schneiden.

2. Pfeffer und Bohnenkrautblättchen mit Olivenöl in einer Schüssel mischen. Ziegenkäsescheiben hineinsetzen, mit der Marinade beträufeln und ca. 30 Minuten darin marinieren.

3. Backofengrill auf 250 °C vorheizen. Eingelegte Ziegenkäsescheiben aus der Schüssel nehmen und in Alufolie wickeln. Im Backofen acht bis zehn Minuten grillen.

TIPP

Der Ziegenkäse kann auch in Alufolie eingewickelt auf einem Holzkohlengrill zubereitet werden.

SCHWARZE OLIVEN
MIT KRÄUTERN MARINIERT,
SEITE 73

GEGRILLTER ZIEGENKÄSE MIT BOHNENKRAUT

ZIEGENKÄSE MIT KIRSCHE

QUESO DE CABRA CON CEREZA

MIT ZIEGENKÄSE IST GUT KIRSCHEN ESSEN

PRO PERSON
1 Scheibe **Ziegenkäserolle** und
1 **Kirsche**
bestes, fruchtiges **Olivenöl**, nativ extra
Flor de Sal
schwarzer **Pfeffer**, frisch gemahlen

Zahnstocher

1. Ziegenkäse in knapp fingerdicke Scheiben schneiden und auf einen Teller legen.

2. Kirschen halbieren und entkernen. Beide Kirschhälften mit der Schnittseite nach oben auf eine Käsescheibe legen und mit einem Zahnstocher feststecken.

3. Mit etwas Olivenöl beträufeln, mit Flor de Sal und Pfeffer bestreuen.

TIPP

Die etwas kräftigere Ziegenkäserolle mit Rinde ergänzt die Süße der knackig reifen Kirschen perfekt.
Je minimalistischer die Tapa, desto erstklassiger sollte das Olivenöl sein.
Schwarzes Hawaiisalz gibt hier einen schönen Kontrast als Ersatz für das Flor de Sal.

TAPAS MIT KÄSE – TAPAS CON QUESO

⊷ 44 ⊶

ALIOLI, SEITE 48

PIKANTE KARTOFFELN

PIKANTE KARTOFFELN
MIT PIMENTÓN DE LA VERA
PATATAS PICANTES CON PIMENTÓN DE LA VERA

8–12 kleine **Bio-Kartoffeln**
2–3 EL **Pimentón de la Vera picante**
1 TL grobes **Meersalz**
1 TL schwarze **Pfefferkörner**
Olivenöl oder **Sonnenblumenöl**

NACH GESCHMACK
3 Zweige glattblättrige **Petersilie**,
Blättchen abgezupft und klein gehackt

1. Kartoffeln gut unter fließendem Wasser abbürsten, danach abtrocknen. Je nach Größe längs vierteln oder achteln.

2. Öl in einer Pfanne erhitzen. Kartoffelstücke darin bei geringer Hitze 10–15 Minuten rundum knusprig goldbraun braten. Herausnehmen und zum Abtropfen auf Küchenpapier legen.

3. Meersalz und Pfefferkörner im Mörser fein zerstoßen. Mit Pimentón de la Vera mischen und auf einem Teller verteilen.

4. Kartoffelstücke noch warm in der Gewürzmischung wenden, um sie gleichmäßig damit zu überziehen. Nach Geschmack mit Petersilie überstreuen.

TIPP

Eine selbst gemachte Alioli (s. folgende Seite) schmeckt gut dazu, auch eine feurig scharfe Salsa Brava passt. Für die Salsa brava 1 kg Tomaten häuten (s. S. 84), Kerne enfernen und das Fruchtfleisch klein hacken. 6 Knoblauchzehen häuten und in Olivenöl goldbraun anbraten. 5 getrocknete kleine Chilis und Tomaten hinzufügen. Köcheln lassen, bis die Flüssigkeit fast ganz verdampft ist. Knoblauch und Chilis entfernen. Masse durch ein feines Sieb streichen, mit Salz und Zucker abschmecken.

TRADITIONELLE ALIOLI

ALIOLI TRADICIONAL

In eine klassische Alioli kommt, wie der Name schon sagt, nur Knoblauch und Olivenöl. Traditionell wird sie auch heute noch im Mörser zubereitet. In Katalonien wird teilweise auch eine Knoblauchmayonnaise gereicht, bei deren Herstellung dann als Bindemittel noch frisches Eigelb dazugegeben wird.

6–8 rosa **Knoblauchzehen** (s. S. 6)
feuchtes **Meersalz** (s. S. 7)
ca. 125 ml sehr gutes, mildes **Olivenöl**, nativ extra
Zitronensaft

1. Knoblauchzehen häuten, grob zerkleinern und in einen Mörser geben. Mit ein paar Körnchen Salz sehr fein zerstoßen.

2. Wenn der Knoblauch breiig ist, tropfenweise Olivenöl hinzugeben. Immer an den Rand des Mörsers gießen, nie direkt. So lange mit dem Stößel Knoblauch und Öl bearbeiten, bis der Knoblauch das Öl vollständig aufgenommen hat. Das Prozedere nach und nach wiederholen, bis das Öl aufgebraucht ist.

3. Nie zu viel Öl zugießen. Weiteres erst dann hinzufügen, wenn bisheriges Öl und Knoblauch sich vollständig verbunden haben.

4. Die Zubereitung von Alioli im Mörser kann gut und gerne 20–30 Minuten in Anspruch nehmen. Also nicht die Geduld verlieren!
Nach Geschmack noch etwas Zitronensaft hinzufügen und servieren.

TIPP

In einem gut verschlossenen Glas kann die Sauce zwei bis drei Wochen im Kühlschrank aufbewahrt werden. Vor dem Servieren auf Zimmertemperatur bringen. Verfeinert wird diese klassische Alioli mit Safran. Dazu 4–5 Safranfäden mit ein paar Salzkörnern zu Pulver zerstoßen, dann den Knoblauch dazugeben.

MOJO ROJO (ROTE SAUCE)

Wer es recht scharf mag, lässt ein paar Chilikerne in der Sauce.
Auf den Kanarischen Inseln wird die rote Sauce auch mit Safran verfeinert.
Theoretisch lassen sich beide Saucen auch in einem Mixer oder mit dem Pürierstab herstellen.
Allerdings kommen Textur und Geschmack nicht an die Zubereitung im Mörser heran.

4 rosa **Knoblauchzehen** (s. S. 6)
½–1 rote frische **Chili**
Salz
¼ TL **Kreuzkümmel** (Cumin)
1 TL **Pimentón de la Vera picante**
(s. S. 9)
10 EL fruchtiges **Olivenöl**, nativ extra
2 EL **Sherryessig** (s. S. 10)

1. Knoblauchzehen häuten. Chili in Streifen schneiden, Kerne entfernen.

2. Knoblauch, Chili, Salz, Kreuzkümmel und Pimentón de la Vera in einem Mörser zu einer feinen Paste zerstoßen. Nach und nach unter stetigem Stampfen das Öl und den Essig hinzufügen.

3. Paste in einen kleinen Topf füllen, mit wenig Wasser leicht verdünnen. Ein paar Minuten kochen, mit Salz abschmecken.

 # MOJO VERDE (GRÜNE SAUCE)

Auf den Kanaren wird unterschieden in Mojo verde (nur mit Petersilie) und Mojo de Cilantro (nur mit Koriander). Gewürzt wird mit Kreuzkümmel und schwarzem Pfeffer.

1 Bund **Koriander**
½ Bund glattblättrige **Petersilie**
5 große **Knoblauchzehen**
2 grüne **Gemüsepaprikas**
grobes **Meersalz**
300–350 ml fruchtiges **Olivenöl**,
nativ extra
feines **Meersalz**
Sherryessig (s. S. 10)

1. Blätter von Koriander und Petersilie abzupfen, die Stiele entfernen. Kräuter sehr fein wiegen.

2. Knoblauch häuten und in Scheiben schneiden. Gemüsepaprikas waschen, halbieren, Samen und weiße Scheidewände entfernen. Den Rest in Streifen schneiden. Knoblauch, Paprika, Petersilie und Koriander mit etwas Salz im Mörser fein zerstampfen. Nach und nach das Olivenöl dazugeben, bis die Sauce eine homogene Textur hat. Mit feinem Salz und Sherryessig abschmecken.

 **TIPP** *Zum Aufbewahren in ausgekochte Gläser füllen; die Saucen halten im Kühlschrank dann mehrere Wochen.*

RUNZELKARTOFFELN MIT ROTER UND GRÜNER KANARISCHER SAUCE
PAPAS ARRUGADAS CON MOJO ROJO Y MOJO VERDE

Jeder Besucher der Kanaren kennt die köstlichen kleinen Runzelkartoffeln mit der pikanten roten oder fruchtig-grünen Sauce. Für dieses Buch haben wir die Original-Saucenrezepte verfeinert und erweitert (s. S. 49).

1 kg kleine, runde **Bio-Kartoffeln**, festkochend
500 g mittelgrobes **Meersalz** zum Kochen
2–3 EL feines **Meersalz**

1. Kartoffeln gut waschen und abbürsten. In einen großen Topf geben, Salz hinzufügen und mit Wasser auffüllen, bis die Kartoffeln knapp bedeckt sind.

2. Den Topf zunächst mit einem Küchentuch abdecken, dann den Deckel auflegen. Zum Kochen bringen und die Kartoffeln 20–25 Minuten bei mittlerer Hitze garen.

3. Mit einem spitzen Messer in eine Kartoffel stechen und prüfen, ob sie weich ist. Fertige Kartoffeln durch ein Sieb abgießen und abtropfen lassen, bis sie fast trocken sind.

4. Ohne Wasser wieder in den Topf geben, mit feinem Meersalz bestreuen und bei geringer Hitze auf dem Herd vollkommen trocknen lassen. Den Topf dabei immer wieder rütteln. In eine Schüssel füllen und mit Mojo rojo oder Mojo verde servieren.

KARTOFFELTÜRMCHEN MIT SPINAT

TORRECITA DE PATATAS CON ESPINACAS

SÜSS, NUSSIG UND HERZHAFT

1–2 EL **Rosinen** aus Málaga
2–3 getrocknete **Tomaten**
1 EL spanische **Pinienkerne** (s. S. 10)
1 **Knoblauchzehe**
500 g junge **Spinatblätter**
mildes **Olivenöl**
Salz und **schwarzer Pfeffer**, frisch gemahlen
1 TL spanischer **Balsamico** (s. S. 11)
4 festkochende **Kartoffeln**

1. Rosinen 20 Minuten in lauwarmem Wasser einweichen. Getrocknete Tomaten in kleine Würfel schneiden. Pinienkerne ohne Fett in einer Pfanne kurz anrösten. Herausnehmen und grob hacken. Knoblauch häuten und in hauchfeine Blättchen schneiden.

2. Spinat waschen, Stiele entfernen. 2 EL Olivenöl in einer Pfanne erhitzen. Knoblauch circa eine Minute darin anbraten. Spinat und abgetropfte Rosinen dazugeben, mit Salz und Pfeffer würzen und bei mittlerer Hitze vier bis fünf Minuten dünsten, bis der Spinat etwas zusammenfällt. Mit Balsamico ablöschen, Tomatenwürfel und Pinienkerne darunterheben.

3. Kartoffeln schälen und in dünne Scheiben schneiden. 3 EL Olivenöl in einer Pfanne erhitzen. Die Kartoffelscheiben darin von beiden Seiten goldbraun braten.

4. Zum Servieren die Kartoffelscheiben mit Hilfe eines Anrichterings jeweils auf einem Teller zu einem Türmchen schichten und leicht festdrücken. Spinat obenauf legen, dann den Ring vorsichtig abziehen.

TIPP

*Ein besonders feiner Geschmack wird erzielt,
wenn die Rosinen vorher in Sherry Fino eingeweicht werden.*

ARME-LEUTE-KARTOFFELN

PATATAS A LO POBRE

EIN ARME-LEUTE-ESSEN, DAS MAN BESONDERS GERN IN UND UM GRANADA ISST

1 kg rote **Kartoffeln**
1–2 grüne **Gemüsepaprikas**
1 rote **Gemüsepaprika**
1 kleines Bund **Lauchzwiebeln** oder
2 weiße **Zwiebeln**
ca. $^1/_8$ l spanisches **Olivenöl** zum Braten
4–6 **Knoblauchzehen,** nach Geschmack
auch mehr
Salz
Sherryessig (s. S. 10), nach Geschmack

TIPP

Nimmt man erstklassige Zutaten, sind diese Kartoffeln bei aller Einfachheit ein exquisites Gericht. Die Arme-Leute-Kartoffeln wurden im 19. und 20. Jahrhundert oft in Suppenküchen (comedores sociales) als einzige warme Mahlzeit serviert. Heute werden sie gerne zu Schmorgerichten mit Kaninchen oder Huhn gereicht, aber auch zu Kurzgebratenem passen sie gut.

1. Kartoffeln schälen und in nicht zu dicke Scheiben schneiden.

2. Gemüsepaprikas waschen, putzen und in mundgerechte Stücke schneiden. Lauchzwiebeln längs in feine Streifen schneiden, weiße Zwiebeln häuten und achteln.

3. Reichlich Olivenöl in einer großen, tiefen Pfanne erhitzen. Kartoffeln ins heiße Öl geben. Sofort die Hitze auf kleinste Zufuhr verringern und Salz hinzufügen. Zwiebeln, Paprikas und ungeschälte Knoblauchzehen dazugeben.

4. Bei geringer Hitze zugedeckt 20–30 Minuten braten. Kartoffeln dabei regelmäßig wenden, damit sie gleichzeitig braten und schmoren. So werden sie weich und schmackhaft.

5. Sind die Kartoffeln fast gar, den größten Teil des Öls abgießen und in einer kleinen hitzefesten Schüssel auffangen. Die Temperatur erhöhen und die Kartoffeln in der Pfanne nun bei starker Hitze vier bis fünf Minuten bräunen.

6. Nach Geschmack mit Sherryessig würzen.

CHAMPIGNONPATÉ MIT SHERRY OLOROSO

PATÉ DE CHAMPIÑONES AL OLOROSO

350 g braune oder weiße **Champignons**
3 rosa **Knoblauchzehen** (s. S. 6)
1 kleine weiße **Zwiebel**
½ Bund **Koriander** oder glattblättrige **Petersilie**
mildes **Olivenöl**
1–2 **Thymianstängel**
60 ml **Sherry Oloroso** (s. S. 11) oder **Portwein**
1–2 EL gemahlene **Mandeln**
evtl. **Semmelbrösel**
Salz und **schwarzer Pfeffer**, frisch gemahlen

1. Champignons mit einem feuchten Tuch abwischen oder mit einem Bürstchen säubern. Pilze in feine Streifen schneiden. Knoblauch und Zwiebel häuten, fein hacken. Petersilien- oder Korianderblätter abzupfen und fein wiegen.

2. Etwas Olivenöl in einer Pfanne erhitzen. Zwiebel bei mittlerer Hitze anschwitzen. Champignons hinzufügen und ein paar Minuten mitbraten. Die abgestreiften Thymianblättchen dazugeben und köcheln lassen, bis die Flüssigkeit der Pilze verdampft ist.

3. Knoblauch und Koriander- oder Petersilienblätter kurz mitbraten. Mit Sherry ablöschen. Bei schwacher Hitze köcheln und die Flüssigkeit verdampfen lassen.

4. Während die Pilze köcheln, Mandeln in einer Pfanne mit ein paar Tropfen Olivenöl anrösten. Zu den Champignons geben, gut vermischen und vom Herd nehmen. Die Masse im Mixer oder in einem hohen Gefäß mit einem Pürierstab fein pürieren. Wenn sie zu flüssig ist, noch mehr gemahlene Mandeln oder Semmelbrösel hinzufügen. Mit Salz und Pfeffer abschmecken, im Kühlschrank aufbewahren.

CREMIG UND MIT FEINEM PILZGESCHMACK

TIPP

Diese schnelle und einfache Champignonpaté lässt sich mit konfierten roten Paprika- oder Zwiebelstreifen servieren. Statt Petersilie oder Koriander passt auch fein gehackter Estragon zu dieser Paté. Besonders würzig wird der Pilzgeschmack, wenn man statt der Champignons frische Steinpilze verwendet oder zu den Champignons etwas getrocknete, eingeweichte Steinpilze dazugibt.

CHAMPIGNONS IN SHERRY

CHAMPIÑONES AL JEREZ

EIN ANDALUSISCHER KLASSIKER!

400 g braune **Champignons**
1 kleine, weiße **Zwiebel**
1–2 rosa **Knoblauchzehen** (s. S. 6)
3 Zweige glattblättrige **Petersilie**
2 EL fruchtiges **Olivenöl**
Salz und schwarzer **Pfeffer**, frisch gemahlen
¹/₈ l **Sherry Fino** (s. S. 11)

1. Pilze mit einem trockenen Tuch abreiben oder mit einem Bürstchen säubern. Stiele abschneiden und Köpfe je nach Größe halbieren oder vierteln.

2. Zwiebel und Knoblauch häuten, fein hacken. Petersilienblätter grob hacken.

3. Olivenöl in einer Pfanne erhitzen. Zwiebel und Knoblauch darin zwei bis drei Minuten anschwitzen. Champignons fünf bis sechs Minuten mitbraten, dabei immer wieder umrühren. Salzen und pfeffern, mit Sherry ablöschen. Noch ca. fünf Minuten bei geringer Hitze köcheln.

TIPP

Statt des trockenen Sherry Fino passt hier auch ein dunkler Amontillado, der voller im Geschmack ist. Interessant ist die Zugabe von 1 EL Senf mit grünem Pfeffer oder von fein gewürfelten, getrockneten Tomaten, die kurz mit den Champignons erhitzt werden.

PILZE MIT KONFIERTEM KNOBLAUCH UND TOMATEN

AJADA DE SETAS Y TOMATES

SÜSS, INTENSIV UND FRISCH!

400 g frische **Pilze** nach Angebot
(Edelreizker oder Ritterlinge, braune
Champignons, Steinpilze etc.)
1 rosa **Knoblauchknolle** (s. S. 6)
4 getrocknete **Tomaten**
1 Zweig **Thymian**
1 Zweig **Rosmarin**
6–8 EL **Olivenöl**, nativ extra
100 ml **Sherry Fino** (s. S. 11)
Flor de Sal

1. Pilze putzen und in kleine Stücke schneiden. Knoblauchknolle in Zehen zerteilen, aber nicht häuten. Getrocknete
Tomaten in kleine Stücke schneiden. Thymianblättchen
abstreifen und Rosmarinnadeln zerkleinern.

2. Olivenöl in einer Pfanne erhitzen. Knoblauchzehen darin
bei schwacher Hitze acht bis zehn Minuten konfieren.
Tomaten hinzufügen und zwei bis drei Minuten mitkochen.
Pilze, Thymianblättchen und Rosmarin dazugeben, zwei
bis drei Minuten mitkochen lassen. Sherry angießen und
wenige Minuten einkochen lassen.

3. Mit Flor de Sal bestreut servieren und frisches Baguette
oder das Fladenbrot von Seite 87 dazureichen.

TIPP

*Die rosa Knoblauchzehen bleiben bei dieser Tapa ungeschält. Das weiche Innere wird beim Essen
entweder mit der Gabel ausgedrückt oder – noch lieber – ausgesaugt.
Maldon Sea Salt gibt hier als Ersatz für das Flor de Sal eine interessante Komponente.*

MIT PILZEN GEFÜLLTE PIMIENTOS DEL PIQUILLO UND GRÜNE FELDSALATSAUCE

PIMIENTOS DEL PIQUILLO RELLENOS DE SETAS EN SALSA DE CANÓNIGOS

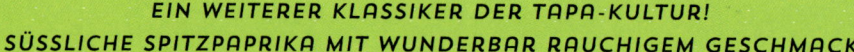

EIN WEITERER KLASSIKER DER TAPA-KULTUR!
SÜSSLICHE SPITZPAPRIKA MIT WUNDERBAR RAUCHIGEM GESCHMACK

BÉCHAMEL
ca. 270 ml **Milch**
20 g **Butter**
1 geh. EL **Mehl**
1 Prise **Salz**
Muskatnuss, frisch gerieben

200 g braune **Champignons**
2 rosa **Knoblauchzehen** (s. S. 6)
Olivenöl
1 Zweig **Thymian**
Salz und schwarzer **Pfeffer**, frisch gemahlen
12 **Pimientos del Piquillo** (s. S. 9), in einem Sieb abgetropft

SAUCE
200 ml **Sahne/Rahm**
100 g **Feldsalat**, geputzt
mildes **Olivenöl**, nativ extra
Meersalz und weißer **Pfeffer**, frisch gemahlen

1. Aus Milch, Butter, Mehl, Salz und Muskatnuss eine dicke Béchamelsauce zubereiten.

2. Pilze putzen, wenn nötig mit einem feinen Tuch abwischen und in kleine Würfel schneiden. Knoblauch häuten und fein hacken. In etwas Olivenöl leicht anschwitzen. Pilze dazugeben und fünf bis sechs Minuten mitbraten.

3. Béchamel angießen, abgestreifte Thymianblättchen dazugeben. So lange sanft köcheln, bis die Flüssigkeit fast eingekocht ist. Mit Salz und Pfeffer abschmecken.

4. Masse nach Geschmack entweder pürieren oder stückig lassen. Dann mit einem Teelöffel in die roten, abgetropften Spitzpaprikas füllen.

5. Sahne mit Feldsalat und etwas Olivenöl im Mixer fein pürieren. Mit Salz und Pfeffer abschmecken. Zum Servieren etwas von der grünen Sauce auf kleine Teller verteilen, gefüllte Pimientos darauflegen.

TIPP

Diese Tapa macht zwar etwas Arbeit, aber das Resultat ist der Mühe wert. Hauptdarsteller sind die typischen Pimientos del Piquillo mit dem besonderen Rauchgeschmack. Als Ersatz lassen sich zur Not auch ganze, in Öl eingelegte rote, gebratene Gemüsepaprikas verwenden.

KATALANISCHES TOMATENBROT
PA AMB TOMÀQUET

Für diese katalanische Spezialität wird eigentlich pa de pagès verwendet, ein rustikales rundes Landbrot. Durch die kräftige Rinde bleibt die Brotkrume länger frisch. Ein knuspriges Baguette oder eine Ciabatta sind eine passende Alternative.

1 **Baguette**
Olivenöl
1 rosa **Knoblauchzehe** (s. S. 6)
2–3 reife **Tomaten**
bestes **Olivenöl**, nativ extra
Flor de Sal
schwarzer **Pfeffer**, frisch gemahlen

1. Baguette halbieren und längs aufschneiden. Brotstücke mit der Schnittseite nach unten in einer Pfanne in wenig Olivenöl knusprig anrösten.

2. Knoblauch häuten und die gerösteten Brotstücke damit einreiben. Tomaten waschen und Stielansätze entfernen. Tomaten halbieren und mit der Schnittseite nach unten auf einer Gemüsereibe reiben.

3. Brot mit dem Tomatenmus bestreichen, mit bestem Olivenöl beträufeln, mit Salz und Pfeffer bestreut servieren.

TIPP

Wer es pikanter liebt, kann zusätzlich noch eine fein gehackte Knoblauchzehe unter das Tomatenmus mischen.

KIRSCHTOMATEN, GEFÜLLT MIT GEBRATENEN AUBERGINEN

TOMATES CHERRY RELLENOS DE BERENJENAS ASADAS

16–24 **Kirsch-** oder **Cocktailtomaten**
1 mittelgroße **Aubergine**
Olivenöl
Salz und schwarzer **Pfeffer**, frisch gemahlen
1–2 Zweige **Oregano**, Blättchen abgestreift
bestes mildes **Olivenöl**, nativ extra
Flor de Sal

TYPISCH MEDITERRAN!

1. Tomaten waschen. Aubergine schälen und längs in Scheiben schneiden.

2. Olivenöl in einer Pfanne erhitzen. Auberginenscheiben darin von beiden Seiten kurz anbraten. Dann etwas Wasser angießen und die Aubergine sechs bis acht Minuten weich schmoren. In ein Sieb geben und gut abtropfen lassen. Dann mit einem schweren Messer sehr fein hacken.

3. Von den Tomaten einen kleinen Deckel abschneiden. Früchte vorsichtig aushöhlen und den Inhalt zu den gehackten Auberginen geben. Füllung mit Salz, Pfeffer und ein paar fein gehackten Oreganoblättchen würzen. Kirschtomaten vorsichtig mit der Auberginenfarce füllen. Deckel aufsetzen, mit etwas Olivenöl beträufeln und mit Flor de Sal bestreuen.

TIPP

*Werden die Auberginen statt in der Pfanne im Backofen gebacken,
erhält man einen feinen Rauchgeschmack.
Statt Flor de Sal eignet sich auch hier Maldon Sea Salt gut zum Abrunden.*

KIRSCHTOMATEN MIT MOZZARELLA UND WALNUSSVINAIGRETTE

TOMATES CHERRY CON MOZZARELLA Y VINAGRETA DE NUECES

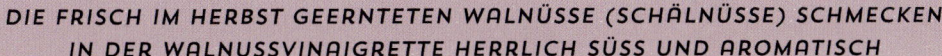

DIE FRISCH IM HERBST GEERNTETEN WALNÜSSE (SCHÄLNÜSSE) SCHMECKEN IN DER WALNUSSVINAIGRETTE HERRLICH SÜSS UND AROMATISCH

8–12 **Kirsch-** oder **Cocktailtomaten**
1 Handvoll frische
Walnüsse/Baumnüsse
wenige Blätter **Zimtbasilikum**
1 **Büffelmozzarella** (ca. 250 g)
spanischer **Balsamicoessig** (s. S. 11)
oder **Walnussessig**
bestes fruchtiges **Olivenöl,** nativ extra
Meersalz
schwarzer **Pfeffer,** frisch gemahlen

Zahnstocher

1. Kirschtomaten quer halbieren. Walnüsse auslösen, Kerne grob hacken. Zimtbasilikum feinstreifig schneiden. Mozzarella abtropfen lassen, längs halbieren und in insgesamt acht bis zwölf Scheiben schneiden, die ungefähr den Durchmesser der Tomaten haben.

2. Aus Balsamico, Olivenöl, Meersalz und Pfeffer eine Vinaigrette rühren. Walnusskerne und Zimtbasilikum hinzufügen.

3. Eine Mozzarellascheibe auf die Schnittseite einer Tomatenhälfte legen. Die andere Tomatenhälfte mit der Schnittseite nach unten daraufsetzen und das Ganze mit einem Zahnstocher feststecken. Tomatentürmchen mit der Walnussvinaigrette beträufeln und nach Geschmack noch mit wenig schwarzem Pfeffer ergänzen.

Kräftig würzig wird diese Tapa, wenn Ziegenfrischkäsetaler den Mozzarella ersetzen.

TOMATEN AUF BLÄTTERTEIGQUADRATEN

TOMATES SOBRE HOJALDRE

250 g **TK-Blätterteig**, aufgetaut
ca. 6 reife **Eiertomaten**
1 **Eigelb**
mildes **Olivenöl**
schwarzer **Pfeffer**, frisch gemahlen
Flor de Sal
einige **Basilikumblätter**, fein
geschnitten

1. Backofen auf 180 °C vorheizen.

2. Teigscheiben in Quadrate von 4–5 cm Kantenlänge schneiden. Tomaten waschen und Stielansätze entfernen. Tomaten in zentimeterdicke Scheiben schneiden. Eigelb mit etwas Wasser verrühren.

3. Ein großes Backblech mit Backpapier auslegen. Teigquadrate darauflegen und dünn mit dem verdünnten Eigelb bepinseln. Je eine Tomatenscheibe mittig auf einem Teigquadrat platzieren. Tomatenscheiben mit etwas Olivenöl beträufeln und mit Pfeffer bestreuen.
In den vorgeheizten Backofen schieben und auf der mittleren Schiene 15–20 Minuten backen, bis der Teig leicht gebräunt ist.

4. Vor dem Servieren noch etwas Olivenöl auf die Tomaten träufeln. Mit Flor de Sal und Basilikum bestreuen, noch warm servieren.

TIPP

*Variieren lässt sich das Rezept – statt der Tomaten – mit dünn geschnittenen Zucchinischeiben, die nach dem Backen mit fein gehackter Minze bestreut werden.
Falls der Blätterteig sehr dick ist, kann er vor dem Aufteilen mit Mehlhilfe flacher ausgerollt werden.*

TOMATENTARTE MIT LAVENDEL, ZIEGENKÄSE UND SCHWARZEN OLIVEN

TARTA DE TOMATES CON LAVANDA, QUESO DE CABRA Y ACEITUNAS NEGRAS

DER TYPISCHE WOHLGERUCH DER MITTELMEERREGION, DER URLAUBSSTIMMUNG INS HAUS BRINGT

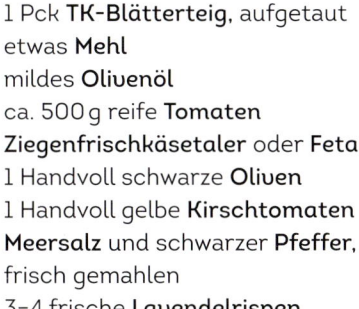

1 Pck **TK-Blätterteig**, aufgetaut
etwas **Mehl**
mildes **Olivenöl**
ca. 500 g reife **Tomaten**
Ziegenfrischkäsetaler oder **Feta**
1 Handvoll schwarze **Oliven**
1 Handvoll gelbe **Kirschtomaten**
Meersalz und schwarzer **Pfeffer**,
frisch gemahlen
3–4 frische **Lavendelrispen**

1 **Tarte-** oder **Pieform** (Ø 28 cm)

1. Backofen auf 200 °C vorheizen.

2. Teig auf etwas Mehl ausrollen. Er muss eine Spur größer als die Form sein. In eine mit wenig Olivenöl gefettete Pie- oder Tarteform legen. Den Rand dabei hochdrücken.

3. Tomaten waschen und Stielansätze entfernen. Rote Tomaten in dicke Scheiben schneiden und Käse zerkleinern. Tomatenscheiben auf dem Blätterteig verteilen, in die Zwischenräume schwarze Oliven und gelbe Kirschtomaten legen. Käse gleichmäßig darüberstreuen. Mit Salz und Pfeffer würzen, mit Lavendelblüten bestreuen. Im vorgeheizten Backofen 25–30 Minuten backen.

4. Diese Tarte schmeckt warm und kalt.

TIPP

Lavendel als Gewürzkraut immer sparsam verwenden, denn es hat einen intensiven Geschmack. Getrocknete Lavendelblüten leicht zwischen den Fingern zerreiben. Es gibt auch aromatisches Lavendelsalz, das den besonderen Geschmack dieses Mittelmeergewürzes gut weitergibt Dieses Rezept lässt sich auch gut in Tartelletteförmchen zubereiten..

DICKE BOHNEN IN WEISSWEIN MIT KRÄUTERN UND KNOBLAUCH
HABAS EN VINO BLANCO CON HIERBAS Y AJO

HERZHAFT UND KRÄUTERIG

2–3 rosa **Knoblauchzehen** (s. S. 6)
1 kleine, weiße **Zwiebel**
1 Handvoll frische **Kräuter** (Thymian, Rosmarin, glattblättrige Petersilie, Majoran etc.)
2–3 EL fruchtiges **Olivenöl**
500 g frische, junge **Dicke Bohnenkerne**, ausgepalt
250 ml **Weißwein** oder **trockener Sherry** (s. S. 11)
Meersalz und schwarzer **Pfeffer**, frisch gemahlen

1. Knoblauchzehen und Zwiebel häuten, beides fein hacken. Blättchen der Kräuter von den Stielen zupfen und fein hacken.

2. Olivenöl in einer Pfanne erhitzen. Zwiebel und Knoblauch im heißen Öl bei mittlerer Hitze glasig anschwitzen. Bohnenkerne dazugeben und zwei bis drei Minuten anbraten. Mit Weißwein oder Sherry ablöschen. Mit Salz und Pfeffer würzen. Je nach Dicke der Bohnenkerne 15–20 Minuten bei mittlerer Hitze schmoren.

3. Kurz vor dem Servieren die frischen Kräuter dazugeben.

TIPP

Dicke Bohnen am besten jung verzehren, wenn sie noch zart sind. Je kleiner und jünger, desto schmackhafter sind sie. Bei älteren Dicken Bohnen empfiehlt es sich, die etwas ledrige Haut abzuziehen, die den Bohnenkern umgibt.

MARINIERTE ZUCCHINI

CALABACINES MARINADOS

MILD, AROMATISCH UND MIT FRISCHER MINZNOTE

500 g kleine **Zucchini**
2 rosa **Knoblauchzehen** (s. S. 6)
5 Zweige **Pfefferminze**
5 Zweige glattblättrige **Petersilie**
1 Zweig **Zitronenmelisse**
Olivenöl zum Braten
feines **Meersalz**
2–3 EL **Sherryessig** (s. S. 11)
fruchtiges **Olivenöl**, nativ extra

Bild siehe Seite 35

1. Bei den Zucchini Stiel- und Blütenansatz wegschneiden. Zucchini am besten längs in dünne Scheiben schneiden. Knoblauch häuten und fein hacken. Blättchen von Pfefferminze, Petersilie und Zitronenmelisse abzupfen und fein hacken.

2. Reichlich Öl in einer Pfanne erhitzen. Zucchini von beiden Seiten im heißen Öl goldbraun braten. Zum Abtropfen auf Küchenpapier legen.

3. Zucchini lagenweise in eine kleine Schüssel schichten. Dabei jede Lage mit Salz, Knoblauch, Kräutern und Essig würzen. Zum Schluss fruchtiges Olivenöl darüberträufeln.

4. Abgedeckt mindestens zwei Tage im Kühlschrank marinieren. Dann zimmerwarm servieren.

TIPP

Eine Tapa, die man gut vorbereiten kann.
Auch Gemüsepaprikas und Auberginen lassen sich gut marinieren. Paprikas dafür am besten schälen.
Die Kräuter sind kein Muss, aber Knoblauch gehört auf jeden Fall dazu.

SCHWARZE OLIVEN MIT KRÄUTERN MARINIERT

ACEITUNAS NEGRAS MARINADAS CON HIERBAS AROMÁTICAS

Marinierte Oliven gelingen immer, auch wenn sie nicht immer gleich schmecken. An Kräutern verwende ich, was gerade frisch zur Hand ist. Thymian und Anissamen sind aber immer dabei.
Je nach Geschmack und Laune verwende ich auch frisches wildes Fenchelkraut oder Lavendel.
Olivenöl muss bei den marinierten Oliven nicht zusätzlich sein, sie enthalten von Haus aus genug Öl.
Ein paar Tropfen Zitronensaft und etwas Salz schaden jedoch nicht.
Die marinierten Oliven kann man gut 10–14 Tage im Kühlschrank aufbewahren.

frische **Kräuter** nach Angebot, z. B.
Thymian, Rosmarin, Majoran, Salbei,
Minze, glattblättrige Petersilie etc.
2–3 rosa **Knoblauchzehen** (s. S. 6)
1 unbehandelte **Bio-Zitrone**
300 g schwarze **Oliven** à la Grecque,
am besten Nizza-Oliven oder
die spanischen aus Navarra
1 TL **Anissamen**
½ unbehandelte **Bio-Orange**,
Schalenabrieb oder feine Zesten-
streifen
bunter **Pfeffer**, frisch gemahlen

Bild siehe Seite 43

1. Thymian- und Majoranblättchen von den Stängeln streifen. Stiele von Minze, Salbei und Petersilie entfernen, die Blätter fein hacken. Knoblauch häuten und in feine Blättchen schneiden. Zitrone heiß abwaschen, abtrocknen, vierteln und in dünne Scheibchen schneiden.

2. Oliven mit den Kräutern, Anissamen, Knoblauch- und Zitronenscheibchen sowie Orangenabrieb und Pfeffer mischen. Mindestens zwei Stunden ziehen lassen.

TIPP

Eine Variante sind gebackene Kräuteroliven: Dazu Oliven samt Zutaten, jedoch ohne Zitrone, in eine flache feuerfeste Form geben. Mit 4 EL Olivenöl beträufeln und im vorgeheizten Backofen bei 220 °C 20–30 Minuten garen, bis die Oliven schrumpelig werden.

PIMIENTOS DE PADRÓN
PIMIENTOS DE PADRÓN-HERBÓN

Olivenöl zum Braten
pro Person 1 Dutzend **Pimientos de Padrón** (s. S. 9)
feuchtes **Meersalz** (s. S. 7)

KLEIN ABER OHO – DER TAPA-KLASSIKER SCHLECHT-HIN! DAZU EIN KÜHLES BIER ODER EIN SPRITZIGER GALICISCHER WEISSWEIN...

1. Reichlich Olivenöl in einer Pfanne erhitzen. Pimientos de Padrón am Stück darin bei schwacher bis maximal mittlerer Hitze langsam braten.

2. Wenn sie anfangen, goldbraun zu werden, aus der Pfanne nehmen und auf Küchenpapier gut abtropfen lassen.

3. Noch heiß auf einen vorgewärmten Teller legen und mit Meersalz überstreut servieren.

TIPP

Sehr wichtig ist, die Pimientos de Padrón ganz langsam und sanft in reichlich Olivenöl zu braten. Das Olivenöl muss heiß, aber nicht zu heiß sein. Die kleinen Grünen enthalten wie alle Gemüsepaprikas Zucker. Wird der Zucker zu stark erhitzt, dann verbrennt er und das Gemüse kann bitter schmecken. Mit Meersalz immer erst nach dem Braten würzen.

MANGOLD MIT PINIENKERNEN, ROSINEN UND KNOBLAUCH
ACELGAS CON PIÑONES, PASAS Y AJO

 WÜRZIG, SÜSSLICH UND NUSSIG MIT DEUTLICHEM KNOBLAUCHAKZENT

1 Bund **Mangold**
2–3 rosa **Knoblauchzehen** (s. S. 6)
fruchtiges **Olivenöl**
20 g spanische **Pinienkerne** (s. S. 10)
1 Handvoll **Rosinen** aus Málaga
Salz und schwarzer **Pfeffer**, frisch
gemahlen

Bild siehe zu Beginn des Buches

1. Mangold putzen und waschen. Stiele abschneiden und in kleine Stücke schneiden. Blätter in feine Streifen schneiden. Knoblauch häuten und in feine Scheibchen schneiden.

2. Olivenöl in einem flachen Topf erhitzen. Knoblauch und Pinienkerne im heißen Öl zwei bis drei Minuten bei mittlerer Hitze anbraten. Mangold und Rosinen dazugeben. Unter Rühren zwei bis drei Minuten mitbraten. Salzen und pfeffern, mit etwas Wasser ablöschen. 15–20 Minuten bei schwacher Hitze schmoren. Die Flüssigkeit soll fast ganz verdampft sein.

 **TIPP**

Statt Mangold kann man für diese Tapa auch frischen Spinat verwenden.

SPARGELSPITZEN MIT HASEL-NUSS-ZWIEBEL-SAUCE

PUNTAS DE ESPÁRRAGOS CON SALSA DE AVELLANAS Y CEBOLLAS

NUSSIG MIT FRUCHTIGER SÜSSE

16–24 weiße **Spargelspitzen**, fingerlang
Meersalz
4 **Lauchzwiebeln**
30 g **Haselnusskerne**, ohne Fett geröstet
6 schwarze **Oliven** ohne Kern
mildes **Olivenöl**
4 TL schwarze **Tapenade** (Olivenpaste)
fruchtiges **Olivenöl**, extra nativ
Flor de Sal
schwarzer **Pfeffer**, frisch gemahlen

Bild siehe Seite 91

1. Spargelspitzen in leicht gesalzenem Wasser ca. zehn Minuten kochen. Herausnehmen und abtropfen lassen, das Kochwasser beiseitestellen.

2. Lauchzwiebeln fein, Haselnüsse grob hacken. Oliven in Scheiben schneiden.

3. Olivenöl in einer Pfanne erhitzen. Zwiebeln darin bei schwacher Hitze so lange anbraten, bis sie anfangen zu karamellisieren. Sobald die Zwiebeln weich sind, samt Öl und etwas Spargelwasser in einen Mixer füllen. Haselnüsse hinzufügen und alles fein pürieren.

4. Spargelspitzen auf vier Teller legen. Mit wenig Haselnuss-Zwiebel-Sauce übergießen und mit je 1 TL Tapenade garnieren. Olivenscheiben zum Schluss darüber verteilen. Mit ein paar Tropfen besten Olivenöls beträufeln, mit etwas Flor de Sal bestreuen und nach Geschmack Pfeffer darübergeben.

TIPP

Rotweinsalz ergibt eine geschmacklich interessante Alternative zum Flor de Sal in diesem Rezept. Der beste weiße spanische Spargel wächst in Navarra. Er ist besonders würzig im Geschmack. Ganze Spargelstangen lassen sich nach dem Schälen auch im Backofen zubereiten. Spargel dazu längs aufschneiden und den Backofen auf 220 °C vorheizen. Eine feuerfeste Schüssel mit Wasser hineinstellen und den Spargel auf der mittleren Schiene auf einem mit Backpapier belegten Backblech ca. fünf Minuten vorgaren. Dann die Wasserschüssel herausnehmen und den Spargel für weitere zehn Minuten im Ofen fertig garen.

GRÜNER SPARGEL IN SALZKRUSTE

ESPÁRRAGOS TRIGUEROS A LA SAL

*Das Rezept für die würzigen grünen Spargel in Salzkruste habe ich
von Eduardo Frechina, Koch im Restaurant Castillo in Godella bei Valencia.
Er widmet sich der modernen, valencianischen Küche.*

1 kg grüner **Spargel**
1 ½ kg grobes **Meersalz**
fruchtiges **Olivenöl**, nativ extra

1. Backofen auf 200 °C vorheizen. Spargelstangen etwas kürzen, rasch waschen und abtrocknen.

2. Ein Backblech oder vier feuerfeste, flache Portionsförmchen mit einer zentimeterdicken Salzschicht füllen. Darauf die Spargel verteilen und mit einer Salzschicht bedecken, dabei die Spargelspitzen frei lassen. Das Salz etwas festklopfen.

3. Blech auf der mittleren Schiene in den vorgeheizten Ofen schieben und 15–20 Minuten darin garen, je nach Dicke der Spargelstangen.

4. In der Form servieren und zum Essen die Spargel an den Spitzen aus der Salzkruste ziehen, mit bestem Olivenöl beträufeln.

TIPP

*Statt des halbwilden grünen spanischen Spargels, lässt sich auch der grüne
Spargel verwenden, den es bei uns in der Saison gibt.
Grüner Spargel ist deutlich aromatischer und kräftiger im Geschmack als weißer. Deshalb verträgt
er auch würzige Saucen, wie z. B. eine Kräuter-Vinaigrette mit kräftigem Olivenöl, ausgezeichnet.*

GEBRATENER FENCHEL MIT ORANGE, STERNANIS UND WACHOLDERBEEREN

HINOJO ASADO ESPECIADO CON NARANJA, ANIS ESTRELLA Y ENEBRO

IN FORM DIESER WÜRZIGEN TAPA SCHMECKT FENCHEL JEDEM

4 **Fenchelknollen**
1 Stück frischer **Ingwer**, ca. 4 cm groß
3–4 **Orangen**
Meersalz
2 EL **Butter**
2 EL **Avocadoblütenhonig**
6 **Sternanis**
8 **Wacholderbeeren**
Orangensalz (mit Orangenschale vermischtes Meersalz)
schwarzer **Pfeffer** aus der Mühle
Apfelessig

1. Fenchelknollen in dicke Scheiben schneiden. Ingwerwurzel schälen und in ganz feine Würfel schneiden (Brunoise). Orangen auspressen.

2. Fenchel in kochendem Salzwasser vier bis fünf Minuten blanchieren. Mit dem Schaumlöffel herausnehmen, kalt abspülen und abtropfen lassen.

3. Butter in einer Pfanne schmelzen. Fenchelscheiben in der heißen Butter von beiden Seiten goldbraun anbraten. Orangensaft, Ingwer, Honig, Sternanis, Wacholderbeeren, Orangensalz, Pfeffer und einen Schuss Apfelessig dazugeben. Bei mittlerer Hitze köcheln lassen, bis der Fenchel gar ist. Fenchelscheiben aus der Sauce nehmen und diese einkochen, bis sie fast sirupartig ist.

4. Fenchelscheiben auf Teller verteilen und mit der Sauce beträufeln.

TIPP

Statt des Avocadoblütenhonigs, der eine Spezialität aus der Gegend um Málaga ist, passt auch würziger Waldhonig zu diesem Rezept.

SHERRYSCHALOTTEN MIT ROSINEN

ESCALOÑAS EN JEREZ CON PASAS

EINE SÜSS-SAURE, AROMATISCHE KÖSTLICHKEIT, DIE GERN IM WINTER ALS TAPA GEREICHT WIRD

60 g **Rosinen** aus Málaga
150 ml **Sherry Fino** (s. S. 11)
500 g möglichst kleine **Schalotten**
4 EL mildes **Olivenöl**
1 TL **Puderzucker** oder 1 EL **brauner Rohrohrzucker**
2 EL **PX-Essig** oder **Sherryessig** (s. S. 11)
1 Prise **Zimtpulver**
Salz und **Pfeffer**, frisch gemahlen

1. Rosinen in eine Schüssel geben, mit Sherry übergießen und mindestens 30 Minuten darin einweichen. Schalotten häuten.

2. Olivenöl in einem flachen Topf erhitzen. Schalotten darin vier bis fünf Minuten bei schwacher Hitze anschwitzen, aber nicht bräunen lassen. Dann mit Puderzucker überstäuben oder Rohrohrzucker dazugeben und unter Rühren zwei bis drei Minuten leicht karamellisieren. Mit Sherryessig ablöschen. Rosinen mit Sherry hinzufügen, mit Zimt, Salz und Pfeffer würzen und zugedeckt ca. 20 Minuten sanft köcheln. Die Flüssigkeit sollte dabei sirupartig werden. Bei Bedarf Wasser nachgießen.

TIPP

Schalotten vorsichtig häuten, damit sie nicht auseinanderfallen. Der Sherry muss gut reduzieren, dann dickt er ein und die Schalotten schmecken besser.
Als Variante kann der Sherry durch einen trockenen Rotwein ersetzt werden.

ZUCCHINI MIT TOMATENCONCASSÉ, ZIEGENKÄSE UND TAPENADE

CALABACINES CON CONCASSÉ DE TOMATE, QUESO DE CABRA Y TAPENADE

AROMATISCH PIKANT UND WUNDERVOLL MEDITERRAN

1 große **Zucchini**
mildes **Olivenöl**
Salz und schwarzer **Pfeffer,** frisch gemahlen
2 reife **Salattomaten**
125 g fester **Ziegenkäse**
schwarze oder grüne **Tapenade** (Oliven-paste) oder **Olivenkonfitüre**
einige **Schnittlauchhalme,** in Röllchen geschnitten
fruchtiges **Olivenöl,** nativ extra

TIPP

Zucchini können aufgrund ihres milden, neutralen Geschmacks kräftige Gewürze und Zutaten gut vertragen.

1. Zucchini gut waschen, Stiel- und Blütenansatz entfernen und das Gemüse in zentimeterdicke Scheiben schneiden.

2. Olivenöl in einer Pfanne erhitzen und die Zucchini darin von beiden Seiten goldbraun braten. Sie dürfen nicht zu weich werden. Salzen, pfeffern und abkühlen lassen.

3. Tomaten über Kreuz am Blütenansatz einschneiden und mit kochendem Wasser übergießen. Kalt abbrausen und die Haut von den Tomaten abziehen. Kerne entfernen und das Fruchtfleisch für das Concassé in kleine Würfel schneiden.

4. Olivenöl in einer Pfanne erhitzen. Tomatenwürfel zwei bis drei Minuten darin schwenken. Je nach Sorte geben Tomaten dabei viel Flüssigkeit ab. Ist das der Fall, die Tomaten nach 30 Sekunden in ein grobes Sieb abschütten, abgelaufenen Saft einkochen und zur Sauce zurückgeben.

5. Käse zerkrümeln. Zucchinischeiben auf Teller legen und etwas von dem Tomatenconcassé darübergeben, darauf den Käse verteilen und als Krönung ein Löffelchen Tapenade aufsetzen. Mit Schnittlauch dekorieren und mit ein paar Tropfen besten Olivenöls beträufeln.

ZITRONENFLADEN MIT KAPERNÄPFELN
COCA CON LIMÓN Y ALCAPARRONES

Ungewöhnlich, aber spannend – und überhaupt nicht sauer. In Katalonien ist dieser Blechkuchen ausgesprochen beliebt, die Coca stammt ursprünglich von den Balearen und manche sprechen auch von der „Pizza Mallorcas".

150 g **Butter,** gut gekühlt
250 g **Weizenmehl** (Type 550)
Meersalz
1 **Ei**
2 EL **Sahne/Rahm**

BELAG
2–4 unbehandelte **Bio-Zitronen,** je nach Größe
150 g **Crème fraîche**
125 g spanischer **Frischkäse** (Queso Blanco), alternativ Ricotta oder Schafsmilchquark
40 g schwarze **Oliven,** entkernt
8–10 Zweige **Zitronenthymian**
1 Handvoll **Kapernäpfel**
40 g **Manchego curado1,** gehobelt
mildes **Olivenöl,** nativ extra

TIPP

Ideal für diesen Zitronenfladen sind Meyer-Zitronen. Die dunkelgelben Zitrusfrüchte mit dünner, weicher Schale sind aromatisch und fast süß, aber bei uns selten zu bekommen. Für den Belag kann die Auswahl quer durch den Gemüsegarten gehen; passend ist, was Saison hat und schmeckt!

1. Butter in kleine Würfel schneiden. Mit Mehl, 1–2 TL Salz, Ei und Sahne zu einem glatten Teig verkneten. In Frischhaltefolie gewickelt im Kühlschrank 30 Minuten ruhen lassen.

2. Zitronen heiß abwaschen, in sehr dünne Scheiben schneiden und mit Salz bestreuen. 15 Minuten ziehen lassen, damit mögliche Bitterstoffe herausgezogen werden. Vorsichtig mit kaltem Wasser abspülen und trockentupfen.

3. Backofen auf 200 °C vorheizen.

4. Teig in vier Stücke teilen und jeweils zwischen Frischhaltefolie mit einem Wellholz zu Fladen von ca. 25 cm Ø auswellen. Ränder je 1 cm auf der Oberseite nach innen umschlagen. Fladen mehrfach mit einer Gabel einstechen.

5. Crème fraîche und Frischkäse mit einem elektrischen Handrührer glattrühren. Masse auf den Fladen ausstreichen, Zitronenscheiben darauf verteilen. Mit Oliven und Thymianzweigen belegen. Im vorgeheizten Backofen 25–30 Minuten backen. Kuchen nach 15 Minuten mit Backpapier abdecken.

6. Vor dem Servieren mit Kapernäpfeln belegen, mit Manchegohobeln bestreuen und mit Olivenöl beträufeln.

FLADENBROT MIT KRÄUTER-OLIVENÖL

PAN DE PITA CON ACEITE DE OLIVA Y HIERBAS AROMÁTICAS

ZU TAPAS ISST MAN GERN FRISCHES BAGUETTE
– ODER EBEN DIESES WÜRZIGE FLADENBROT

560 g **Weizenmehl** (Type 550)
42 g **Frischhefe** (1 Würfel)
375 ml **Wasser**
1 TL **Salz**
25 ml **Olivenöl**
natives **Olivenöl**, vermischt mit frischen, klein gehackten Kräutern (Thymian, Bohnenkraut, Rosmarin etc.)

TIPP

Am besten schmecken diese Fladen-
brote ofenwarm.
Je länger der Teig geknetet und
ausgezogen wird, desto besser
wird das Resultat.

1. Mehl auf ein großes Backbrett sieben, in die Mitte eine Kuhle drücken. Hefe in lauwarmem Wasser auflösen, mit Salz und Olivenöl in die Kuhle gießen. Vorsichtig vermischen, bis ein glatter, elastischer Teig entsteht.

2. Arbeitsplatte mit etwas Mehl bestreuen. Teig kneten und immer wieder ausziehen. Dann wieder zusammenlegen und mit den Handballen kräftig kneten. Wenn nötig, bemehlen. Den Teig mindestens 10–15 Minuten bearbeiten.

3. Fertigen Teig in eine leicht geölte Schüssel legen. Gut mit Folie abdecken und an einem warmen Ort ca. eine Stunde gehen lassen, bis sich das Teigvolumen verdreifacht hat.

4. Backofen auf 250 °C vorheizen.

5. Teig in kleine Portionen aufteilen, jeweils zu Kugeln formen und mit dem Wellholz zu vier bis fünf Millimeter dicken, handtellergroßen Rondellen ausrollen. Auf ein Backbrett legen, mit einem sauberen Tuch bedecken und weitere 20 Minuten gehen lassen.

6. Backblech dünn mit Öl bepinseln und für zehn Minuten in den Backofen schieben. Blech aus dem Ofen nehmen, Fladen darauflegen und im vorgeheizten Backofen bei acht bis zehn Minuten backen. Herausnehmen und die Fladen auf ein Gitter legen. Sofort mit dem Kräuter-Olivenöl einpinseln.

REZEPTVERZEICHNIS

**ZITRONENFLADEN
MIT KAPERNÄPFELN,
REZEPT SEITE 86**

IMPRESSUM

© 2014 Walter Hädecke Verlag, Weil der Stadt

WWW.HAEDECKE-VERLAG.DE

4 3 2 1 | 2017 2016 2015 2014

Lektorat: Monika Graff · Redaktion: nvsg · Foodfotos: Silvio Knezevic
Gestaltung: Julia Graff unter Verwendung der Brandon Printed (HvD Fonts), Intro (Fontfabric) und der Trend Handmade (Latinotype)
Reproduktion: snap studios, Stuttgart · Druck: Printer Trento

ISBN 978-3-7750-0666-8

Printed in EU 2014

ABKÜRZUNGEN UND HINWEISE

Alle Rezepte sind für vier Portionen berechnet. Die Temperaturangaben sind in °C und für die Zubereitung in einem Elektrobackofen mit normaler Ober- und Unterhitze angegeben. Bei Umluft kann sich die Garzeit verkürzen, für einen Gasherd sind die Hinweise des Geräteherstellers zu beachten. Alle Löffelangaben beziehen sich, sofern nicht anders angegeben, auf das gestrichene Maß.

g → Gramm ★ **kg** → Kilogramm ★ **l** → Liter ★ **ml** → Milliliter
EL → Esslöffel ★ **TL** → Teelöffel ★ **Msp** → Messerspitze
°C → Grad Celsius ★ **TK** → Tiefkühlprodukt
Ø → Durchmesser ★ **Pck** → Päckchen/Packung

Alle veganen Rezepte sind mit einem **V** über dem Rezept gekennzeichnet.